産業クラスターのダイナミズム

~技術に感性を埋め込むものづくり~

大木裕子 著

文眞堂

はじめに

　ものづくりにおいては，企業群や関連する諸機関が地理的に近接した地域に集積する産業クラスターと呼ばれる産地が，世界各地に形成されている。産業クラスターについてはシリコンバレーや第三のイタリアの成功事例が多く取り上げられ，あたかもクラスターを形成すれば高度な製品が作られると考えられてきたが，実際には必ずしもそうばかりとは言えない。産業クラスターを形成しても製品の高度化が進まず，いわゆる普及品の安ものばかりを生産するクラスターも存在している。当然のことながら，クラスターを構成する諸要素やネットワークの状況は，製品の性質によっても異なるが，クラスターの持続的な発展のためには，ハイエンド製品を創りだすインクリメンタルなイノベーションが不可欠である。産業クラスターに関しては，これまでにも国内外で多くの先行研究がされてきたが，クラスターとイノベーションの関連性については未だ理論的に解明されていない部分も多く，更なる実証研究の蓄積が必要とされている分野である。

　産業クラスターに関する研究では，2009年にそれまでのクレモナのヴァイオリン産業クラスターの研究をまとめ，文眞堂より『クレモナのヴァイオリン工房〜北イタリアの産業クラスターにおける技術革新とイノベーション』を出版したが，その後この研究は製品アーキテクチャとブランド構築に関する研究として継続してきた。また，アメリカでの在外研究以降シリコンバレーの実証研究を重ねると共に，京都大学の日置弘一郎教授（現在京都大学名誉教授，公立鳥取環境大学教授）のもとで中国の景徳鎮，韓国の利川，日本の有田や波佐見といった陶磁器産業クラスターへと調査対象を広げ，事例研究を蓄積してきた。

　そこで，本書では最先端産業のシリコンバレーから，景徳鎮や有田の陶磁器産業やクレモナのヴァイオリン産業といった手工型産業まで多彩な産業クラス

ターの事例を再検証し，これらを比較分析することで，ものづくりにおける技術と芸術の融合について考えていきたい。

本書の内容は，以下のように進めていく。

第1章ものづくりにおける産業クラスターの意義では，これまでの産業クラスター研究の軌跡を振り返り整理した上で，ポーターのダイヤモンド・モデルを土台とした本研究の枠組について提示する。

第2章シリコンバレーの最先端産業クラスターでは，オープン・イノベーションによる製品高度化の代表的クラスターともいえる米国カリフォルニア州のシリコンバレーについて，この地域の創造的土壌を構築することになった歴史的推移を詳述した上で，シリコンバレーがクラスターとして進化を続ける理由を分析していく。意識的にも専門家同士のネットワーク形成の場を創出しているシリコンバレーでは，技術開発に携わる人々にも研ぎ澄まされた感性とパラダイムシフトへの志向性が強く，日常のコミュニケーションを通じてアイデアが行き交っていることを説明している。

第3章の景徳鎮の陶磁器産業クラスターで紹介する中国江西省の景徳鎮は，かつては陶磁器産業の世界的メッカであったが，文化大革命により伝統的・芸術的な過去の製造技法は完全に消失し，共産主義体制の中で国営工場による普及品の量産体制に移行していった。更に近年の資本主義の導入とともにこれらの製造技術も途絶えつつあり，現在大規模な陶磁器クラスターを構築し人や商売を集めてはいるものの，内情は混乱を極めている。クラスターの全体像を把握するのが難しい事例ではあるが，これまでの調査結果としてまとめている。

第4章の有田の陶磁器産業クラスターは，我が国を代表する九州佐賀県の陶磁器クラスターの一つである。かつて栄華を極めた景徳鎮に代わって世界に名を轟かせた「伊万里」「柿右衛門」「鍋島」のブランドで，海外輸出に成功した。現在の有田の製品は業務用食器が中心で，作家による芸術品とは明確な区別がされながら二極化している。有田では共販制度のために，産地問屋が資本力，組織力，信用力を組合に依存している構図となっており，集積には大資本もプロデュース力もない。他の産地は問屋だけがリスクテイカーだったが，有田は問屋もリスクを負わない仕組みになっている。陶磁器産業では世界的にも有田

のように 400 年もの歳月を経ながら伝統が脈々と続いている産地は少ない。こうした有田は分業体制の呪縛の中で，クラスターを存続させるために奮闘している。

　第5章の北イタリアのクレモナはストラディヴァリの生誕地でもあり，かつては名工房が犇めき合いヴァイオリン作りのクラスターとしての栄華を極めたが，その後一端技術が途絶え，20 世紀になってヴァイオリン作りが復活した。今は世界随一のヴァイオリン産地である。産業クラスターを構成するクレモナのヴァイオリン製作者にとって，クレモナで製作する最も大きなメリットは，製作者同士のピアレビューと知識の交換にある。海外から製作者たちが集り国際的コミュニティとなったクレモナでは，現代のトップ・マエストロたちが中心的存在となってヴァイオリン製作者たちの技術を牽引している。クレモナのヴァイオリン製作者たちは，クレモナを一つの大きなヴァイオリン工房として捉えており，この協働意識が国際的な競争優位性をもたらすと共に，クレモナをヴァイオリン製作の世界的メッカとする原動力となっている。クレモナのブランド戦略は，プロでも初心者でもない中間層ユーザーを狙ったもので，その市場は製作者たちの出身国に広がり，産業クラスターとして見事に成功した事例として紹介している。

　これらの事例分析から，第6章では技術に美的感性を埋め込むものづくりについて考察する。産業クラスターにおけるものづくりは，製品により「製品と技術」のパターンや分業構造も多様であり，その差異についての認識はクラスターの比較分析には必須であるが，既にこれらの研究については他の著作においても取り上げてきた[1]ことを踏まえ，本書では産業クラスターのビジネス・システムに着目し，製品高度化を導くためのメカニズムを捉えていくことにする。

　本書はこれまでに刊行した論文に基づいて再構成しており，それらの事例を比較考察することで製品高度化に向けた新たな産業クラスター論を展開している。本研究は研究者自らの幅広いヒアリング調査に基づいており，オリジナリティの高い研究成果を出版することで，経営学における技術経営の理論構築の

一助としての貢献を期待したい。各章に関連するこれまでの著書・論文・学会発表は以下の通りである。

第 1 章　産業クラスター，第 6 章　製品の高度化

1. 「利川の陶磁器クラスター：クリエイティブ・シティ利川のクラスター戦略に関する考察」平成 23 年 10 月，京都産業大学『京都マネジメント・レビュー』第 19 号，153-171 頁。
2. "What is missing for innovation in the traditional craft sector?" 平成 26 年 6 月，第 31 回 Pan-Pacific Conference（Hanoi Melia Hotel）*Proceedings*, pp.258-260.
3. 「産業クラスターにおける製品高度化のためのメカニズムに関する考察」平成 27 年 9 月，経営行動研究学会『経営行動研究学会年報』2015 年，123-129 頁。
4. "The Mechanism for Making Higher Quality Products in the Industrial Cluster" 平成 27 年 12 月，*International Journal of Business and Management Studies*, ISSN: 2158-1479 04（02）, pp.95-102.

第 2 章　シリコンバレー

5. 「インプロビゼーションを通じたダイナミックケイパビリティの形成：シスコシステムズの組織能力」平成 17 年 9 月，オフィス・オートメーション学会『オフィス・オートメーション』第 26 号 1，45-51 頁。
6. 「シリコンバレーの歴史：進化するクラスターのソーシャル・キャピタルに関する一考察」平成 23 年 3 月，京都産業大学『京都マネジメント・レビュー』第 18 号，39-59 頁。
7. 「電気自動車（EV）開発における標準化戦略とその課題～テスラ・モーターズを事例として～」平成 23 年 3 月，京都産業大学『京都マネジメント・レビュー』第 18 号，139-151 頁。
8. "A Comparative Study of the Industrial Clusters: Silicon Valley and Cremona" 平成 27 年 12 月，The International Journal of Arts & Sciences (IJAS)（Freiburg Catholic Academy），学会報告。

第3章　景徳鎮

9. "The comparison of industrial clusters in traditional arts sector." 平成25年8月，第11回 ESA Conference（Torino University），*Abstract Book*, p.152.

10. 「景徳鎮の陶磁器クラスターにおけるイノベーション過程に関する考察」平成26年3月，京都産業大学『京都マネジメント・レビュー』第24号，1-29頁。

第4章　有田

11. "Japanese aesthetic sense and the porcelain cluster in Japan" 平成24年9月，ESA 芸術社会学会（National Wien Music University），*Abstract Book*, 132-133頁。

12. 「有田の陶磁器産業クラスター～伝統技術の継承と革新の視点から～」平成24年12月，京都産業大学『京都マネジメント・レビュー』第21号，1-22頁。

第5章　クレモナ

13. 「イタリア弦楽器工房の歴史：クレモナの黄金期を中心に」平成17年12月，京都産業大学『京都マネジメント・レビュー』第8号，21-40頁。

14. 「クレモナにおけるヴァイオリン製作の現状と課題」（共著）平成18年6月，京都産業大学『京都マネジメント・レビュー』第9号，19-36頁。

15. 「伝統工芸における資源蓄積過程とコンテクスト転換」（共著）平成18年9月，オフィス・オートメーション『第53回 OA 学会全国大会予稿集』（松山大学）【秋号】，97-100頁。

16. 「弦楽器製作における技術継承と知の変換メカニズムに関する研究～クレモナ弦楽器工房を中心に～」（共著）平成19年6月，2007年度組織学会研究発表大会（京都産業大学）『2007年研究発表大会予稿集』205-208頁。

17. 「伝統工芸の技術継承についての比較考察～クレモナ様式とヤマハのヴァイオリン製作の事例～」平成19年7月，京都産業大学『京都マネジメント・レビュー』第11号，19-31頁。

18. "Context conversion and process of resource accumulation in making

traditional craft: Luthiers in Cremona." 平成19年7月，第9回 *AIMAC*（*Valencia University*）*Proceedings*, pp.1-17.
19. "Violin makers in Cremona" 平成20年6月，第15回 *ACEI*（*North Eastern University*）*Proceedings*, pp.1-23.
20. 『クレモナのヴァイオリン工房～北イタリアの産業クラスターにおける技術継承とイノベーション～』平成21年2月，文眞堂，全256頁。
21. 「北イタリアの産業クラスター～ストラディヴァリの生誕地クレモナ」平成21年6月，経営行動研究学会第72回研究部会（明治大学），学会報告。
22. 「クレモナの伝統～ヴァイオリン製作の産業クラスター」平成21年7月，第36回比較文明研究学会九州支部研究会（西南学院大学），学会報告。
23. "Communication and Craftsmanship: Violin making Success in Cremona" 平成22年10月，第9回 ESA 大会（Bocconi University），学会報告。
24. "The Competitive Advantage of the Violin making in Cremona" 平成22年11月，*SSRN ESA Research Paper*, pp.1-16.
25. 「イタリアヴァイオリン産業のブランド戦略」平成23年2月，尚美学園大学『芸術情報研究』第18号，65-82頁。

なお，本研究は JSPS 科学研究費の助成を受けて進めてきたものであり，出版に際しては東洋大学ライフデザイン学部の出版助成金をいただいている。これらの研究助成金を捻出していただいた学術振興会や研究機関に加え，共同研究にあたり多くの示唆をいただいた京都大学名誉教授・公立鳥取大学日置弘一郎教授及び研究メンバーの先生方，論文の査読に際し貴重なコメントをいただいた経営行動研究学会の先生方，シリコンバレーの調査に尽力いただいた当時の日本学術振興会サンフランシスコ研究連絡センター長竹田誠之先生（高エネルギー加速器研究機構名誉教授），有田での取材の手配に際し多大なご尽力をいただいた和歌山大学吉田潔客員教授，有田町世話役徳永純宏氏，景徳鎮での取材のためにご協力いただいた景徳鎮陶瓷学院二十歩文雄教授，京都産業大学李為教授，クレモナでの取材にあたりご協力いただいたヴァイオリン製作者菊田浩氏，輪野光星氏，出版を心よく承諾していただいた株式会社文眞堂の前野

隆社長，編集・校正に際しご尽力いただいた前野眞司氏，前野弘太氏など，本書の出版に至るまでには多くの方々のお力添えをいただいており，全てのお名前をここに挙げることはできないが，これらの諸氏にはこの場をお借りして，心より感謝申し上げます。

2016年8月

注
1 大木（2009, 2011b, 2015），「モジュール」「擦り合わせ」といった製品アーキテクチャの観点から「製品-技術」を捉えた過去の研究では，シリコンバレーやヴァイオリンなどの製品を取り上げている。

目 次

はじめに ………………………………………………………………………… i

第1章 ものづくりにおける産業クラスターの意義 ……………… 1

1. 産業クラスター研究の軌跡 ………………………………………… 1
   (1) 産業集積としての捉え方 …………………………………… 1
   (2) 産業クラスターとしての捉え方 …………………………… 2
   (3) ソーシャル・キャピタルの視点 …………………………… 5
   (4) イノベーションの研究 ……………………………………… 8
   (5) 更なる実証研究の必要性 …………………………………… 9
2. 本研究の枠組 ………………………………………………………… 10

第2章 シリコンバレーの最先端産業クラスター ………………… 14

1. はじめに ……………………………………………………………… 14
2. シリコンバレーにおける技術革新の歴史 ………………………… 15
   (1) その土壌 ……………………………………………………… 15
   (2) イノベーションの潮流 ……………………………………… 17
   (3) シリコンバレーのクラスターとしての持続的発展 ……… 26
3. シリコンバレーの社会構造 ………………………………………… 26
   (1) 現状 …………………………………………………………… 26
   (2) クラスター分析 ……………………………………………… 33
4. シリコンバレーにおけるイノベーション ………………………… 37
5. おわりに ……………………………………………………………… 40

第 3 章　景徳鎮の陶磁器産業クラスター ………… 44

1. はじめに …………………………………………………………… 44
2. 中国陶磁器の歴史 ………………………………………………… 45
   (1) その土壌 …………………………………………………… 45
   (2) 景徳鎮の陶磁器産業の歴史　宋代〜清代まで ………… 47
   (3) 清時代後期以降の景徳鎮 ………………………………… 52
3. 官窯と民窯の役割の変化 ………………………………………… 54
4. 景徳鎮の社会構造 ………………………………………………… 56
   (1) 現状 ………………………………………………………… 56
   (2) 景徳鎮の分業とネットワーク …………………………… 58
   (3) 陶磁政策 …………………………………………………… 61
   (4) 景徳鎮陶磁器のマーケティング・ミックス …………… 65
   (5) 景徳鎮のクラスター分析 ………………………………… 71
5. 景徳鎮におけるイノベーション ………………………………… 74
6. おわりに …………………………………………………………… 77

第 4 章　有田の陶磁器産業クラスター ………… 83

1. はじめに …………………………………………………………… 83
2. 有田の陶磁器産業の歴史 ………………………………………… 85
   (1) 世界有数の高品質な原材料の産地 ……………………… 85
   (2) 有田焼の"伝統" …………………………………………… 85
   (3) 伝統工芸士による伝統の継承 …………………………… 88
3. 有田の社会構造 …………………………………………………… 91
   (1) 現状 ………………………………………………………… 91
   (2) 有田の分業とネットワーク ……………………………… 95
   (3) 陶磁政策 …………………………………………………… 98
   (4) 有田陶磁器のマーケティング・ミックス ……………… 101
   (5) 有田のクラスター分析 …………………………………… 106

4．有田におけるイノベーション ……………………………………… 108
　5．おわりに ……………………………………………………………… 112

第5章　クレモナのヴァイオリン産業クラスター ……………… 115

　1．はじめに ……………………………………………………………… 115
　2．イタリア・クレモナのヴァイオリンづくりの歴史 ……………… 116
　　(1)　ヴァイオリンの誕生 …………………………………………… 116
　　(2)　クレモナからイタリア各地へ ………………………………… 117
　　(3)　クレモナの復活と世界の状況 ………………………………… 117
　3．クレモナの社会構造 ………………………………………………… 119
　　(1)　現状 ……………………………………………………………… 119
　　(2)　クレモナのマーケティング・ミックス ……………………… 120
　　(3)　クレモナの製作者たちの意識 ………………………………… 123
　　(4)　クレモナのクラスター分析 …………………………………… 127
　　(5)　クラスターの特徴 ……………………………………………… 131
　4．クレモナにおけるイノベーション ………………………………… 132
　5．おわりに ……………………………………………………………… 136

第6章　技術に美的感性を埋め込むものづくり ……………………… 140

　1．製品高度化の条件 …………………………………………………… 140
　　(1)　前提条件 ………………………………………………………… 140
　　(2)　製品高度化への条件 …………………………………………… 145
　2．高度なものづくりへの移行メカニズム …………………………… 151
　　(1)　人材育成とブランド構築 ……………………………………… 151
　　(2)　ビジネス・プロデューサーと顧客の育成 …………………… 155
　　(3)　製品を高度化するためのメカニズム〜ものづくりに必要な感性 …… 158
　3．おわりに ……………………………………………………………… 161

むすび ………………………………………………………………………… 163
主要参考文献 ………………………………………………………………… 165
索引 …………………………………………………………………………… 171

第 1 章
ものづくりにおける産業クラスターの意義

1. 産業クラスター研究の軌跡

　本章では,これまでの産業クラスター研究を振り返り,本書の目的である「技術と芸術を融合させた高度なものづくり実現」に向けた本研究の枠組みを提示する。

　産業クラスターとは,「ある特定の分野に属し,相互関連した,企業と機関からなる地理的に近接した集団である。これらの企業と機関は,共通性と補完性によって結ばれている」[1]状態を指す。言い換えれば,産業クラスターとは企業,大学,研究機関,自治体などが地理的に集積し,相互の協力・競争を通じてイノベーションの創出を可能とする産業・事業群のことである。産業クラスターについての研究は,空間経済学,経済地理学,経営戦略論,組織論,ネットワーク論,イノベーション論など,多岐に渡る分野で関心を集めてきた。はじめに,これまでの産業クラスター研究の流れを示しておくことにする。

(1) 産業集積としての捉え方
　産業集積について最初に論じたのはマーシャル（Marshall, 1890）であるとされる。マーシャルは,産業の地域的な集中が①特殊技能労働者の市場形成,②補助産業の発生や高価な機械の有効利用による安価な投入資源の提供,③情報伝達の容易化による技術波及の促進,といった経済効果である「外部経済」をもたらすことを指摘した。マーシャルは,集積によって個人・企業が受ける有形・無形のベネフィットを「外部経済」と規定し,イギリス製造業の研究から,職人のギルド制度,組合,ネットワークといった中に存在する技能や熟練

を"Mystery"と表現して，産業集積における「共有化した知識」の存在を示唆したことになる。

1980年代以降の活発な産業集積の研究の先駆けとなったピオリとセーブル（Piore and Sable, 1984）は，「第三のイタリア」と呼ばれるイタリアの製造業に①柔軟性と専門化の結びつき，②参加制限，③技術革新を推進する競争の奨励，④技術革新を阻害する競争の禁止といった調整機能から構成される「柔軟な専門化」の典型例を見出した。ピオリらは大量生産体制の限界を指摘し，クラフト的生産体制から大量生産体制に移行した19世紀を「第一の産業分水嶺」とすれば，当時のアメリカは「第二の産業分水嶺」であるとして，大量生産体制からクラフト的生産体制への移行の必要性と可能性を論じている。

また，経済地理学に着目したクルーグマン（Krugman, 1991）は，企業活動のボーダレス化が進む中での産業の地理的集中について，外部経済効果により産業集積の優位性が高まるとし，一度集積が起こると外部経済効果が発揮され，その集積が一層強固になることを指摘している。

これらの研究により，産業クラスターというのは単なる企業を中心とした産業集積ではなく，大学や推進機関などの関連機関を幅広く含むものであり，産業クラスターの地理的範囲[2]は情報の粘着性が規定するという点が着目されるようになった。

(2) 産業クラスターとしての捉え方

一方でサクセニアン（Saxenian, 1994）は，マーシャルの外部経済による効果では産業集積間に生じた格差を説明できないとして，地域を産業システムとして捉える必要性を唱えている。サクセニアンは米国のシリコンバレーを「地域ネットワーク型システム」，ルート128を「独立企業型システム」としてみなし，地域産業システムには①地域の組織や文化，②産業構造，③企業の内部構造といった側面があり，単に地域を生産要素の集合体として捉えるべきではないと主張した。サクセニアンはシリコンバレーについて，個人が企業に留まることなくネットワークを形成し，情報交換をおこなっており，専門・細分化した企業が競争しながらも協調しあう地域ネットワーク型の産業システムを

形成するが故に，環境の急速な変化にも柔軟に対応することができたと分析している。

さらにポーターは（Porter, 1998）は，経営戦略論の立場から，これらの特定産業の集積を「クラスター」と呼び，クラスターが生産性やイノベーション，競争優位に重要な役割を担っている事実を強調した。ポーターによれば，クラスターは「特定分野における関連企業，専門性の高い供給業者，サービス提供者，関連業界に属する企業，関連機関（大学，規格団体，業界団体など）が地理的に集中し，競争しつつ同時に協力している状態」と定義される。ポーターがクラスターに注目したのは，① 経済のグローバル化の中で「立地の役割」が新たに認識されること，② クラスターの視点は競争の本質や競争優位の源泉を把握しやすいこと，③ クラスターの視点は企業の生産性をあげる競争の仕方を示すことに起因している。すなわち，グローバル経済下で産業集積の古い要因（経済地理学的な資源立地や市場立地等の集積メリット要因）の重要性が失われたが，知識ベースのダイナミックな経済においては競争における新たなクラスター（＝集積のあり方）の役割が大きくなるとし，「クラスターは産業より幅が広いので，企業間や産業間の重要なつながりや補完性，或いは技術，スキル，情報，マーケティング，顧客ニーズなどのスピルオーバー（溢出効果）をとらえることができる。…こうした結びつきは，競争や生産性，特に，新規事業の形成やイノベーションの方向性やペースを左右する根本的な要素になる」[3]ことを強調している。更に立地の競争優位について，ポーターはクラスターの基盤となる「需要条件」，「要素条件」，「企業の戦略，構造およびライバル間競争（企業戦略および競争環境）」，関連産業・支援産業という四つの要素を「ダイヤモンド・モデル」（図表1-1）として把握することを提唱した。競争力の根源は生産性向上であり，産業クラスターは内部の「競争と協調」に依る競争力により，生産性を向上させ，イノベーションを誘発させる可能性を持つというのが「ダイヤモンド・モデル」の基本概念である。

要素条件には，天然資源，気候，位置，未熟練・熟練労働，資本といった基本的要素と，デジタル・データ通信設備，高度知識を持つ人材，研究機関といった高度要素の二つの種類がある。需要条件には高度で要求水準の厳しい顧客の

図表1-1 ポーターのダイヤモンド・モデル

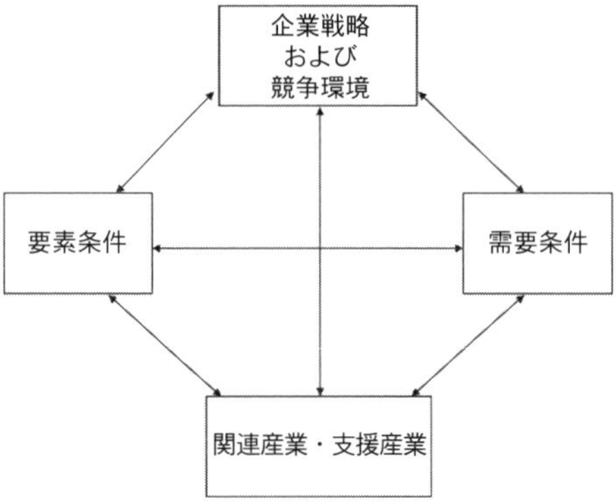

```
         企業戦略
          および
         競争環境
            │
    ┌───────┼───────┐
    │       │       │
  要素条件 ←→ 需要条件
    │       │       │
    └───────┼───────┘
            │
       関連産業・支援産業
```

出所：Porter M.E. 邦訳（1999）『競争戦略論Ⅱ』ダイヤモンド社，83頁。

存在により，企業やその集団の産業はその高い要求水準に答えるためにイノベーションを生み出さざるを得なくなる。企業の戦略，構造およびライバル間競争には，適切な投資と持続的発展を促す状況，地域にある競合企業間の激しい競争，更に働く人間のモチベーションをいかに引き出すかという点も含まれる。関連産業・支援産業は，有能な供給業者の存在や競争力のある関連産業の存在を指す。産業クラスターは知識を共有し，知の変換を図る「場」である。もちろん四つの要因を発見し，分析するだけではクラスターの経済が活性化するわけではないが，国や地域が最も優れた事業環境を提供することで，組織の生産性が高まり，市民の生活水準が向上し，発展するというのがポーターの考え方である。ポーターは，企業や産業の生産性向上，イノベーション能力の強化，新規事業の形成といったメリット・優位性をあげているが，これらの要因について「クラスターによる競争優位の多くは，情報の自由な流れ，付加価値をもたらす交換や取引の発見，組織間で計画を調整したり協力を求める意志，改善に対する強いモチベーションなどに大きく左右される。こうした事情を支えるのは，関係性であり，ネットワークであり，共通の利害という意識である。したがって，クラスターの社会構造は大変な意味を持っている」[4]と指摘している。原田（2009）も再確認しているように，「企業が地理的に集中して

いるだけでは，クラスターの優位は生まれない」[5]のである。

　金井（2003）によれば，ポーターの産業クラスター論と従来の集積論との違いは，① 土地，労働力，天然資源，資本といった古典的な生産要素に加え，知識ベースの新しい生産要素の重要性を指摘したこと，② 企業のみならず多様な組織を内包し，知識社会への変化を捉えていること，③ イノベーションの実現を通じての生産性の重要性を指摘していること，④ 協調関係ばかりでなく，競争の意義も指摘している点にある。

(3) ソーシャル・キャピタルの視点

　ところで，多様な機関・業界・関係者が集まるプラットフォームとしてのクラスターには，知識の「移転」や「流通」が繰り返され，クラスター発展の原資となる社会的な資本が少しずつ蓄積されていくと考えられる。こうした構成員のソフトな関係性を表す概念として，ソーシャル・キャピタル（Social Capital）[6]の重要性が指摘されている。そこで，次に簡潔にソーシャル・キャピタの概念について触れておきたい。

　パットナム（Putnam, 2000）によれば，ソーシャル・キャピタルの概念はハニファン（Hanifan, 1916）に遡り，社会的集団の構成員相互の善意，友情，共感，社交といった日常生活の中に存在する社会的絆を表すものであった。佐藤（2003）は社会資本とソーシャル・キャピタルの概念を整理しているが，この中でアダム・スミス（Adam Smith, 1950）が，機械や建造物とならんで教育や訓練によって習得した職人の技術など社会の構成員が身につける有用な能力を，個人の観点からも社会全体の観点からも固定資本の一つとして挙げていたことを指摘している。またマーシャル（Marshall, 1890）は，財には物質的な財と非物質的な財があり，人間の資質，職業上の能力，商人や職業人の仕事上の結びつきを非物質的な財として紹介している。このように，人的資本やソーシャル・キャピタルに対する考え方は　経済学の流れの中でも取り上げられてきた。

　ブルデューとパサラン（Bourdieu and Passeron, 1964）は，資本を経済資本，文化資本，社会資本（ソーシャル・キャピタル）の3つの形態を取るものと主

張している。ブルデューは，ソーシャル・キャピタルとは社会的な義務，連携として捉えている。文化資本は家庭内で伝えられ，教育制度は文化資本の世襲を通じてはじめて社会構造の再生産に貢献することを指摘する。機械は経済資本を使えば入手できるが，この機械を使うためには肉体化された文化資本である技術を持った人間が必要であるという意味において，生産手段に組み入れられる文化資本が増えれば文化資本の所有者の集団的な力が増していくというのが，ブルデューの主張である。

近年になってソーシャル・キャピタルが注目されるようになったのには，コールマン（Coleman, 1988）の功績が大きい。コールマンはソーシャル・キャピタルを共通の地域・家庭・学校・宗教・職業などを土台とした人々の生産的な関係性にあるとし，社会構造における個人や組織の目標を達成するための行為を促すものとして，物的資本，人的資本と同等に重要な資本であると捉えている。ソーシャル・キャピタルは教育という側面を通して，家庭やコミュニティの人的資本の創出に多大な影響を及ぼすことになる。コールマンはソーシャル・キャピタルがもたらす利益は長期的な利益をグループや社会全体にもたらすという意味において，ソーシャル・キャピタルの多くは公共財であると主張する。

コールマンの説を受け継いだパットナム（Putnam, 1995）によれば，ソーシャル・キャピタルとは「相互利益のための調整と協力を容易にするネットワーク，規範，社会的信頼のような社会的組織の特徴を表す概念」[7]である。イタリアにおける州の比較研究（Putnam, 1993）から，南北格差を歴史的に培われた市民性の違いにあると指摘し，アメリカにおけるソーシャル・キャピタルの歴史的変化について実証研究をおこない，アメリカのソーシャル・キャピタルが低下していることを主張した。ソーシャル・キャピタルが近年になって注目されるようになった背景には，市場万能主義政策による経済発展の閉塞感があり，市場の外から経済のパフォーマンスに影響を与える人間関係的なソフトの重要性が再び着目されるようになったわけである。

インクペンとツァング（Inkpen and Tsang, 2005）は，ソーシャル・キャピタルを「構造的次元」（①ネットワークの結合方法，②ネットワークの形態，

図表 1-2 ネットワークタイプの類型

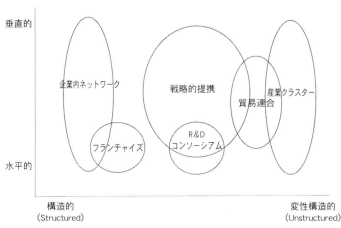

出所：Inkpen & Tsang（2005）148 頁。

③ ネットワークの安定性），「認知的次元」（① 目的の共有，② 文化），「信頼関係」の三次元で整理し，ソーシャル・キャピタルの概念を使ってネットワーク間の知識移転を説明している。ここで指摘されているように，産業クラスターは，ネットワーク内での役割や権限が明確化されているかどうかの観点から整理すると，もっとも変性構造的なネットワークのタイプである（図表1-2）。このようにソーシャル・キャピタルの概念から捉えても，ネットワークがもっとも構造化されていない産業クラスターでの知識創造には，クラスター内部での知識移転や情報交換の在り方がポイントであり，単に企業や組織が近接しているだけではクラスターの実質的な競争優位性は期待できないことがわかる。

ブラウンとデグート（Brown and Duguid, 2000b）は，「シリコンバレーで重宝されるような情報は，人々がその知識を活用できる技能，熟練や実践に接していなければ，そう簡単に広まるものではない」と指摘している。実践により培われた優れた知識をもってこそ，知識を共有しながらイノベーションへとつながる有効活用が可能となる。クラスターでは企業の組織内のつながりと外部とのネットワークが碁盤の目のように形成されており，「至近距離と相互作

用を可能にする密度を提供する。その結果，クラスターの中では，実践の軌道に乗り，人間関係によって加速されることによって，知識が組織の間を比較的簡単に伝わっていく」[8]ことが観察されている。コーエンとフィールズ（Cohen et Fields, 1999）によれば，シリコンバレーには第三のイタリアのように伝統に支えられ長期的に蓄積されたソーシャル・キャピタルは存在しない。もっともマイヤーソン他（Meyerson et al., 1996）が指摘するように，短期間の密度の濃い交流により培われた信頼に基づく相互関係が構築されている。小門（2004）も，シリコンバレーの地域コミュニティ構成員の関係性を示すソーシャル・キャピタルに注目し，企業や住民のコミュニティに対する意識の高さを指摘しているが，こうした信頼関係がクラスターのネットワーク形成とイノベーション創出に大きく関与していることは疑いの余地がない。

(4) イノベーションの研究

このように，産業クラスターでは専門性の高い投入資源，情報アクセス，補完性，関連機関などにより生産性が向上するという集積としての捉え方から，イノベーションを誘発するという点に関心が集まっている。

「イノベーション」とは，人の能力の所産である知を創造し，活用することによって新たな価値を生み出す活動（創意工夫）を表す言葉で，その基となる「新結合」を最初に指摘したシュンペーター（Schumpeter, 1912）は，①創造的活動による新製品開発，②新生産方法の導入，③新マーケットの開拓，④新たな資源の獲得，⑤組織の改革の項目をあげている。またアレン（Allen, 1977）はイノベーション・プロセスにおけるコミュニケーション・パターンの研究から，「ゲートキーパー」の存在がイノベーション・プロセスの促進に大きな役割を果たしていることを指摘している。集積がイノベーションを促進するメカニズムについては，これまで必ずしも明らかにされてきたわけではないが，カマーニ（Camagni, 1991）は「Innovative Milieux（イノベーティブ・ミリュー）」という概念を導入し，単なる地理的な近接性に基づきつつも，その中での個人や集団，組織，組織間を一つの環境として捉え，帰属意識が芽生えることで集積やシナジーによる学習プロセスを通じ，ミリュー全体のイノベー

ション能力が向上するものと捉えている。

　伊丹（1998）も組織論の立場から，産業集積に固有なメカニズムとして「技術蓄積の深さ」「分業間調整費用の低さ」「創業の容易さ」を指摘すると共に，集積が情報の流れの濃密さや情報共有といった条件を満たす一つの「場」として機能することの重要性を唱えている。宮嵜（2005）によれば，イノベーションを生み出す「知恵」「知識」は多様な創造主体から生まれ，主体の「探索」「学習」能力だけでなく，その主体の価値観，その創造主体の置かれている組織のあり方，「場」の雰囲気に大きく左右される。

(5)　更なる実証研究の必要性

　こうして産業クラスターについての研究は，プラットフォームとしての「場」において高感度な情報交換をおこなう「知的集積の経済性のダイナミズム」の関心へと推移してきた。ただ，多様な研究分野を包含していることもあって，クラスターとイノベーションのダイナミズムの関連については理論的に解明されていない部分も多く，個別の実証研究の蓄積が必要とされている。この際，アリカン（Arikan, 2009）も指摘するように「製品のモジュール化の程度」や「汎用技術に依存する程度」といった産業特性も加味する必要がある。モジュール化の程度の低い製品は生産において「擦り合わせ」を必要とするために，知識や情報の交換が必要となる。また半導体など汎用性の高い技術はICTや自動車など多くの製品に応用されることから，多様な用途・製品開発の可能性があるために，知識の積極的な交換がおこなわれる。また，石倉ほか（2003）が指摘するように地域の特性（経営資源，地理的特性）もクラスターが形成される主要な要因である。従って，経営学の理論構築を目指す産業クラスターの研究には，「産業特性」および「地理的特性」を明示的に取り入れた理論構築とデータ蓄積を図ることで，結果として帰納的により普遍的・一般的な概念と地域特殊的概念を識別することが求められている（藤田, 2011）。

　これまでクラスターについての先進事例研究は，シリコンバレーや「第三のイタリア」を中心におこなわれてきた。シリコンバレーについては，前述のサクセニアン（1994）の地域ネットワーク型システムとしての概念提起をはじめ，

枝川（1999）の起業家精神についての研究，ブラウンとデグード（2000b）の知識のダイナミクス研究などがあるが，どのようにイノベーションが創出されているのかについては，未だ研究途上である。また，イタリアの産業集積については，岡本（1994）の洗練されたデザインの背景にある職人や中小企業の存在，清成・橋本（1997）のシリコンバレーと北イタリアの産業集積の比較からコミュニティの重要性，小川（1998）の家族・地域産業・地域コミュニティの強い一体性という特徴の提示，稲垣（2003）のスピンオフ連鎖を伴う産業集積論，児島（2007）のイタリア産地の「暗黙知」に関する研究など，その実態が解明されつつはあるが，北イタリアだけでも約200の産業クラスターが存在しており，その全てが明らかになっているわけではない。更に，世界各国のクラスターとしては，例えば第3章で取り上げる景徳鎮については方（2004）の民窯の分業に関する研究，有田に関しては下平尾（1977）の産業構造分析や，山田（2013a）の企業家の視点からの研究などもあるが，なぜクラスターでは製品が高度化に向かうのかといった疑問について必ずしも明らかにしているものではない。

　産業クラスターでは多様な製品が作られているが，ボリューム・ゾーンの製品を維持するためには，ハイエンド製品をインクリメンタルに発展させていくメカニズムが必要となる。これは，ハイエンドの製品がボリューム・ゾーン製品を牽引する構造を取ることで，はじめて新市場を創造する市場とのスパイラルな関係が維持されるからである。クラスターを形成したからといって，必ずしも製品が高度化に向かうわけではないことは，かつて栄華を極めた中国・景徳鎮の陶磁器クラスターが，現在は普及品中心の一大クラスターと化している事例からも明らかである。そこで求められるのが，製品高度化を促すためのオープン・イノベーションのメカニズムである。

2. 本研究の枠組

　以上のこれまでの議論を踏まえて，本書ではシリコンバレーのものづくり

と，北イタリアのクレモナにおけるヴァイオリンづくり，そして，その対比例ともなる景徳鎮や有田の陶磁器産業クラスターと共に分析することで，最先端のクラスターと伝統的なクラスターに共通する製品高度化のメカニズムについて考察していくことにする。比較分析をおこなう上で，ポーターのダイヤモンド・モデルは産業集積のタイプ分けを容易にし，製品高度化につながるイノベーションの源泉を動態的に捉えるのに有効なモデルの一つとして挙げられる[9]。ダイヤモンド・モデルの相互関係の分析には，サクセニアンの地域産業システムの観点からの具体的ネットワーク分析が不可欠であることも指摘されている[10]ことから，双方の視点を取り入れて分析していくことにする。

シリコンバレーはオープン・イノベーションにより製品を高度化させてきたクラスターとして頻繁に取り上げられる事例である。一方でクレモナは，16世紀にアンドレア・アマティがヴァイオリンを楽器として完成させて以来隆盛を遂げたものの，その後衰退したが，近年になって往年の名器復興を目指した製品高度化への取り組みにより再生を遂げた世界随一のヴァイオリン産業クラスターである。伝統的製法が一端途絶えたからこそ，革新への意識も生まれ，オープン・イノベーションが促進された事例でもある。景徳鎮や有田は世界的陶磁器産地として過去に栄華を極めたが，その後皇室や藩主といったスポンサーを失い，市場では近年のモノあまりもあって陶磁器需要の世界的な落ち込みの影響を免れず，現在は普及品産地と化しており，産業クラスターの存続のために新たな方向性を模索している。

産業クラスターにおけるものづくりは，先に述べたように製品により「製品と技術」のパターンや分業構造も多様であり，その差異についての認識はクラスターの比較分析に不可欠である。シリコンバレーのビジネスモデルの原型は，全体的なシステムの構成が複数のモジュール型のデザイン単位に分割され，これらのモジュールがオープン型のインターフェース・ルールによって連結されるというものである。一方で，本書で取り上げる陶磁器や楽器などの製品では，量産品のモジューラー型と作家によるインテグラル型のアーキテクチャの二種類が存在するが，製品特性としてはインテグラル度が高いとされている[11]。本書では普遍的・一般的な概念を導くことを目指し，「産業特性」お

および「地理的特性」を明らかにしつつ,先端産業と伝統産業とに通底する産業クラスターのビジネス・システムに着目し,製品高度化を導くためのメカニズムを捉えていく。ここで述べる製品の高度化とは,産業クラスターを牽引するようなハイエンド向けの洗練された製品を創造していくことであり,単に一企業内におけるものづくりではない。複数の企業や関連企業・研究機関がオープン・ネットワークの中でいかに技術と芸術を融合させ新たな知識を創造していくのかという点に着目し,産業クラスターにおけるものづくりの仕組みを,個別の企業の勝ち負けではなく全体最適の視点から探究していく。その際に注目するのが,ビジネス・プロデューサーという機能である。ビジネス・プロデューサーとは,新しい事業を創造する人々の総称である。田中(2010)は,集積内のネットワークの相互作用の単位として ① 細分化された専門能力を持つ企業群,② 市場と産業集積とを結びつけるリンケージ企業群(ピオリとセーブル(1984)ではインパナトーレ,伊丹(1998)では需要搬入企業,高岡(1998)ではリンケージ企業とされる),③ 技術・経営に対するサポート機関群の三つに分類し,この中でリンケージ企業群が市場の需要を把握し,製品企画に反映させていくことを指摘している。本研究ではその議論を一歩進めて,ものづくりにおいて技術に芸術性という人の感性を組み込むことで,人々を惹きつけるような完成度の高い製品を作り出すプロセスについて探究していきたい。これは,すなわち製品の高度化に向けたメカニズムの解明である。そのために,必要とされるのがビジネス・プロデューサーの機能ではないか,というのが本研究の仮説でもある。もちろん,製品の種類によってもどこまで製品の美しさを追究する必要があるのか,といった点も異なるであろう。そのために,本書では多様な製品の事例研究を積み重ねているわけである。

　我が国の巨大メーカーはあまり「モノ」を自社内で作らないと言われてきた。例えば自動車メーカーや楽器メーカーが自製するのは重要部品のみで,他の多くの部品を関連企業から外注し,有能な部品メーカーの存在が完成品メーカーを支えてきた構造は,産業クラスターと同様に,全体最適という視点から大企業がプロデュース機能に特化してきたことがうかがえる[12]。今後ものづくりのアウトソーシングは更に加速し,大企業の重要な役割はオープン・リソー

スを活用するプロデュースという点に焦点が置かれていくことであろう。従って，産業クラスターにおけるものづくりを紐解くことは，今後の経営学の発展にとって重要な手がかりになるに相違ない。

なお本書の分析は，公開資料，独自に入手した資料に加え，2003年から2016年にかけて実施した現地での複数回の視察と詳細なヒアリング調査および定量的調査（クレモナ）の結果に基づいている。ヒアリング調査については，クラスター内の複数の関係者に対し各1時間～2時間程度をかけた丁寧な聴き取り調査をおこない，内容についてはテープ起こしをしてデータとして残している。

注

1 Porter (1998)，邦訳版，70頁。
2 Porter (1998) は，クラスターを捉える目安として「物理的な距離が200マイル以下」と示している（邦訳書，114頁）。また石倉ほか（2003）は「車や電車で1～2時間で移動できる距離」としている（152頁）。シリコンバレーではクラスターを形成する地理的範囲も広いが，アメリカが車社会のため数十キロ単位で移動するような日常的生活を基本としており，イタリアのクレモナのような小さな町のクラスターとは距離感や，近所・隣人という感覚も異なる。
3 Porter (1998)，前掲書，78-79頁。
4 同上，105頁。
5 原田（2009），25頁。
6 日本語では「社会関係資本」「社会的資本」などといった用語も使われるが，本書ではソーシャル・キャピタルとして表記することにする。一方，社会資本（Social Overhead Capital）は，ハードとしての社会的インフラストラクチャーを中心とする公的投資を指す。Hirshman A.O. (1958)，邦訳版（1961）ではSocial Overhead Capitalは社会的間接資本と訳されている。
7 Lee C.M 他編（2000），邦訳版58頁。
8 同上，45頁。
9 原田，前掲書。
10 同上，39頁。
11 藤本ほか（2005），20頁。
12 大木（2015）を参照されたい。

第2章

シリコンバレーの最先端産業クラスター

1. はじめに

　米国カリフォルニア州サンフランシスコ半島の，北はサンマテオ郡サンカルロス市から，南はサンタクララ郡サンノゼまで帯状に延びる地域は，シリコンバレーと呼ばれている。シリコンバレーの少し北にはサンフランシスコ国際空港が，そして南部にはサンノゼ国際空港があり，スタンフォード大学がある大学町パロアルト市はほぼ南北中間地点にあたる。シリコンバレーは軍事産業，半導体, PC, IT, バイオ, 環境とそのドメインを変化させながら産業クラスターとしての進化を続けてきた。世界で最も多くのベンチャー企業が起業され，ベンチャーキャピタルによる投資が集中している地域の一つでもある。シリコンバレーは，「地域に集結した知識と人間関係の積み重ねから生じた優位性をテコにした地域の代表的な例」[1]として産業クラスターのモデルともなっている。多様な関係者が集まるクラスターでは，地域的に近接していることにより可能となる構成員同士のコミュニケーションによって，イノベーションの源泉となるプラットフォームが構築されていると考えられる。

　本章では，シリコンバレーの歴史を振り返りながら，シリコンバレーが如何にして産業クラスターとしての進化を継続させてきたのかを考察する。

2. シリコンバレーにおける技術革新の歴史

(1) その土壌
①スタンフォード大学

　シリコンバレー発祥の地は，カリフォルニア州パロアルト市アディソン通り367番地にある小さなガレージで，スタンフォード大学を卒業した二人の学生が1938年に，後のヒューレット・パッカード（HP）社を設立した[2]ことで始まったというのが通説になっている。

　現在シリコンバレーと呼ばれるこの地域に，カリフォルニアで州知事，上院議員も務めたことのあるリーランド・スタンフォード（Leland Stanford 1824－1893）が，カントリーホームのための広大な土地を購入し，Palo Alto[3] Stock Farm を立ち上げたのは1876年のことである。スタンフォードはニューヨークで法律を学び，セントラル・パシフィック鉄道の設立により財産を築いたが，1884年に15歳の一人息子（Stanford Jr.）を失ったことを契機として，夫人とともに大学設立の構想を始めることになった。カリフォルニアでの新大学設立をハーバード大学の総長に助言されたこともあり，特定の宗派との関係を持たず，男女共学で，実務的で「文化的で役に立つ市民」を育てることを目的として，1891年にスタンフォード大学が設立された。それまで工学は理学部の中で教えられていたが，スタンフォード大学では全米で初めて工学部が設立された。

　当時，アメリカの産業の中心は東海岸にあり，大企業も優秀な人材も東海岸に集中していた。カリフォルニアでのスタンフォード大学の設立は，西海岸に新たな産業を興す発端ともなった。スタンフォード大学は実務的な教育というミッションの通り，もともと大学と実務界との関わりを重視していた。スタンフォード大学の初代学長を務めたディビット・スター・ジョーダン（David Starr Jordan 1851－1931）は，当時エンジェル投資家として，1909年に設立されたラジオ運営会社 The Federal Telegraph Company に投資をしていたこ

図表2-1　スタンフォード大学

図表2-2　シリコンバレー発祥の地とされるガレージ（左奥）

とも知られている[4]。

　このようにスタンフォード大学は西海岸でのゼロからのスタートであったが，1920年代になるとその地位を高めるため，東海岸から著名な教授を積極的に採用するようになった。その中で，1927年には「シリコンバレーの父」として知られるフレデリック・ターマン（Frederic Terman 1900–1982）教授もスタンフォード大学で活動を始めている。彼の父親ルイス・ターマン（Lewis Terman）はスタンフォード大学の心理学教授で，世界で初めてIQテストを開発した人物でもある。フレデリック・ターマンは少年期をスタンフォード大学の敷地内にある教授用の家で過ごし，スタンフォード大学で学んだ。その後博士号（ScD）を取得するためにMITに行くが，父親の死後すぐにスタンフォード大学に呼び戻され，教職についた。当時，優秀なスタンフォード大学の学生はその就職口を東海岸に求めて，卒業後はこの土地を離れていくことが多かった。優秀な学生が地域に根付かないことを憂いたターマン教授は，学生たちに大学周辺で起業することを奨励していた。そのターマン教授の援助もあって，スタンフォード大学で知り合ったデビッド・パッカード（David Packard 1912–1996）[5]とウィリアム・ヒューレット（William Redington Hewlett 1913–2001）[6]が，1939年1月1日に電子計測装置の会社としてヒューレット・パッカード（Hewlett-Packard, HP）を立ち上げた。最初の製品は，ヒューレットが大学院在学中に開発したデザインをもとにして作られた

「オーディオ発信機」で，資本金は538ドル，工場はパロアルトの小さなガレージに置かれていた。

②無線愛好家のコミュニティ

もっとも彼らがこのガレージで仕事を始めるずっと以前から，既にこの地域にはイノベーションの土壌が存在していた。情報産業発展の中核となった半導体の発見はイギリスの化学物理学者マイケル・ファラデー（Michael Faraday, 1871-1867）に遡ることができるが，その後の関連する発明の中で，特に1907年にリー・ド・フォレスト（Lee DeForest 1873-1961）が3極真空管を発明したことが，無線通信を飛躍的に拡大させる発端となっている。エール大学で学んだリー・ド・フォレストはその後1910年にカリフォルニアに移り，パロアルトのThe Federal Telegraph Companyに勤務するようになった。1900年代から1910年代にかけて，サンフランシスコはアマチュアの無線通信の最も大きな拠点の一つとなっていた。新奇な物に興味を抱く若者たちにとって無線通信は最大の関心事であった。サンフランシスコ半島には活力のある愛好家のコミュニティが存在し，これがより高出力の送信が可能な送信管の発明につながり，チャールス・リットン（Charles Litton），ウィリアム・エイテル（William Eitel），ジャック・マクロー（Jack McCullough）といった起業家たちを生み出すことになった。

1932年にリットンが設立したリットン・エンジニアリング（Litton Engineering）研究所では，真空管を製作するための装置を製造した。一方で，エイテルとマクローによるEimacは無線愛好家のために送信管の製造に特化した。第二次世界大戦の間，Eimacや地元の管製造企業はアメリカ軍に対し，高周波レーダー装置と，より高出力の無線通信を実現するための送信管の大量生産をおこなうようになった。

(2) イノベーションの潮流

①電磁波管

この頃サンフランシスコ半島には，電子機器関連産業として，電磁波管を製

造するもう一つの技術者グループが存在していた。1930年代から40年代にかけてスタンフォード大学で物理学や電気工学を学んだ学生らが，ウィリアム・ハンセン（William W. Hansen）物理学教授のもとでエレクトロニクスの研究をおこなっていた。主要なメンバーは1930年代の終わりにスタンフォードで一緒にクライストロン（マイクロウェーブ周波で電磁波を生成できる世界初のチューブ）の開発に携わったヴァリアン兄弟（Russell Varian & Sigurd Varian），ウィリアム・ハンセン，エドワード・ギンズトン（Edward L. Ginzton）らである。

第二次世界大戦の間，ヴァリアン兄弟は利益の一部を大学に支払うという契約のもと，スタンフォード大学の研究室の一角を無償で借り受け，大学から100ドルの研究資材費用も支給されて研究にあたっていた。ヴァリアン兄弟は1948年にヴァリアン・アソシエイツ（Varian Associates）[7]を設立し，1950年代から1960年代にかけて，X線管や直線加速器を含む数多くの技術を発明し，商品化していった。後の1960年代後半には，放射線治療用の医療用直線加速器を開発した。これらの発明により，結果的にスタンフォード大学は総額数百万ドルのロイヤルティを受け取っている[8]。

スタンフォード大学の敷地内には，ヴァリアン・アソシエイツ設立の後ハギンズ研究所（Huggins Laboratories, 1948），スチュワート・エンジニアリング（Stewart Engineering, 1952），ワトキングズ・ジョンソン（Watkings-Johnson, 1957），MEC（Microwave Electronics Corporation, 1959）といった企業が続いて設立されていった。

これらの企業の研究者たちが電磁波管のデザインとプロセッシングに関して継続的なイノベーションをおこなった結果，現在ではシリコンバレーと呼ばれるこの地域は，トラベリング真空管の製造にかけて不動の地位を確立した。これらの真空管は，レーダーや電子測定器といった様々な軍事目的で使われ，需要を伸ばしていった。マイクロ波と3極真空管を製造する企業は，サンフランシスコ半島に確固とした産業インフラを構築することになった。これらの企業により数千人に及ぶ技術者やオペレーターが雇用され，訓練を受けたプロフェッショナルが大量に育成されていった。この地域には特殊な原材料を供給

するベンダーが集まり，高精密機械を扱う店も現れた。この土壌が，結果として 1950 年代から 60 年代にかけて，もう一つの部品産業である半導体産業の成長にもつながっている。

②半導体

サンフランシスコ半島に半導体産業を誕生させた人物として，ウィリアム・ショックレー（William Bradford Shockley 1910–1989）の存在が大きい。ショックレーは，1932 年にカリフォルニア工科大学（California Institute of Technology, Caltech），1936 年にハーバード大学で博士号を取得し，卒業後ニュージャージー州のマーレー・ヒル（Murray Hill）にあるベル研究所（Bell Telephone Laboratory）で物理学，特に真空管の研究に没頭した。当時，音声の増幅や電子回路のスイッチ操作など電流の制御には真空管が利用されていたが，信頼性において十分とは言えなかった。ショックレーの最も大きな業績として挙げられるのは，1946 年にジョン・バーディーン（John Bardeen），ウォルター・ブラッテン（Walter Brattain）と共に接合型トランジスタを発明したことであり，後の 1956 年にはこれらのグループでノーベル物理学賞を授与された。トランジスタの基本概念は，シリコンを使ってある部分を導体とし，隣接する部分を絶縁体にすることで通る電流をコントロールしようとするもので，この原理の応用によって半導体が誕生した。ショックレーらは，半導体によって電流が増幅される作用を応用したトランジスタを開発したのである。第二次世界大戦中，ショックレーはアメリカ海軍の対潜戦オペレーションズ・リサーチ・グループ（Anti-submarine Warfare Operations Research Group, ASW）のディレクターも務めている。

ショックレーは 1954 年にカリフォルニア工科大学で物理学の客員教授，翌年には国防武器システム評価機構（Weapons Systems Evaluation for the Department of Defense）の副ディレクターを務めた。1955 年にベックマン・インスツルメンツ（Beckman Instruments）に参加し，マウンテン・ビュー（Mountain View）[9] に設立されショックレー半導体研究所（Shockley Semiconductor Laboratory）で所長を務めた。その後 1963 年にビジネス界から引退して，1974

年までスタンフォード大学で教鞭を取った。

　ショックレー半導体研究所ではロバート・ノイス（Robert Noyce），ゴードン・ムーア（Gordon Moore），ジェイ・ラスト（Jay Last），ユージーン・クライナー（Eugene Kleiner），ジーン・ハニー（Jean Amédée Hoerni）など，若手の優秀な物理学者やエンジニアを東海岸の大学から連れてきていた。そして，研究はショックレーのやや強引なやり方で進められていった。

　しかし，これらのエンジニアはショックレーと半導体の素材[10]についての意見で食い違いを見せるようになった。結局，ノイスら8人の技術者がフェアチャイルド・カメラ&インスツルメンツ（Fairchild Camera and Instrument）の資金提供を受け，1957年にマウンテン・ビューでフェアチャイルドセミコンダクター（Fairchild Semiconductor）を立ち上げ独立した。このフェアチャイルドセミコンダクターはその後数年の間に，半導体業界を劇的に変化させることになる。当時ベル研究所で開発されていた新しいプロセスを使って，フェアチャイルドセミコンダクターは高周波シリコントランジスタを市場に提供する世界初の企業となった。フェアチャイルドセミコンダクターの研究・技術スタッフは，後にアメリカ軍の要請により，高性能で信頼性の高い製品を提供するためのプロセスとデザインにおいて，飛躍的なイノベーションを達成する。まず1959年に，ジーン・ハニーが革新的なイノベーションに成功した。高い信頼性のあるシリコン製造を可能にする平面プロセスの開発である。このプロセスに従ってロバート・ノイスは平面集積回路を開発[11]した。集積回路のアイデアはシリコンに導入され，シリコン上に刻まれた膨大な数の電子スイッチ機能を持つ極小サイズのチップ（集積回路）として，ジェイ・ラストが統括したグループによって2年かかって製品化された。1961年に，フェアチャイルドセミコンダクターはデジタル集積回路を市場に提供するようになった。

　1960年代初頭，電子部品の軍事需要が減少する中で，フェアチャイルドセミコンダクターはトランジスタと集積回路の商用市場を新たに開拓した。それまでの半導体業界では，カスタマイズされた少量生産のチップが主流であったが，これはコストが高いという欠点があった。そこでビジネスユーザーのニーズに適う価格と量に対応するために，フェアチャイルドセミコンダクターは電

気・自動車業界の大量生産技術を導入し，労働賃金の安い香港や韓国などに工場を設立した。企業の応用研究所では，真空管を用いず半導体のみを用いたテレビセットを開発し，そのデザインを無償で顧客に提供することで同社の製品を普及させる市場を開拓した。集積回路の更なる潜在的なビジネス顧客を獲得するために，1965年ゴードン・ムーアは「Moore's Law（ムーアの法則）」を提唱し，この中でトランジスタの数がシリコン回路によって毎年2倍になり，1965年には50だった個別部品が10年後には6万5,000になることを予測した。こうしたマーケティング手法により，フェアチャイルドセミコンダクターは1960年代半ばまでに家電製品や商用コンピューターにデバイスを提供するという大きな市場を開拓することになった。1966年までにフェアチャイルドセミコンダクターは集積回路の大量生産体制を構築し，アメリカにおけるデバイス市場のシェア55％を獲得している。

③フェアチャイルドからのスピンオフ企業

　フェアチャイルドセミコンダクターの成功はサンフランシスコ半島のエレクトロニクス製造の経営環境を大きく変えることになった。ベンチャーキャピタルとベンチャーキャピタリストがこの地域に集まってくるようになったためである。フェアチャイルドセミコンダクターの設立に関わった資本家と技術者たちは，デービス＆ロック（Davis & Rock）[12]，クライナー・パーキンス・コーフィールド・アンド・バイヤーズ（Kleiner Perkins Caufield & Byers, KPCB）[13]などといったベンチャーキャピタルのパートナーシップを取りつけた。フェアチャイルドセミコンダクターの成功を知って，1960年代から1970年代初頭にかけてサンフランシスコ半島には意欲のある起業家が集まってきた。1961年から1972年にかけてこの地域には60社にも及ぶ新たな半導体企業が設立され，70年代にはメモリ（DRAM）の需要の増大と相まってチップの規格化という新しいビジネスが誕生した。

　これら起業家の大半がフェアチャイルドセミコンダクターの元技術者やマネージャーであった。例えば，ロバート・ノイスとゴードン・ムーアは10年間在籍したフェアチャイルドセミコンダクターを離れ，ベンチャーキャピタリ

ストのアーサーロックの支援を受けて，1968年にインテル（Intel Co.）を設立した。他にもアメルコ（Amelco），シグネチックス（Signetics），インターシル（Intersil），ナショナルセミコンダクター（National Semiconductor），アドバンスト・マイクロ・デバイセズ（Advanced Micro Devices, AMD）といった企業が元フェアチャイルドセミコンダクターの社員によって設立されている。これらの企業がフェアチャイルドセミコンダクターによって開発された新技術を広め，集積回路の商業市場を拡大していった。インテルはフェアチャイルドセミコンダクターで開発された新MOSプロセスを用いて高性能のコンピューターメモリーを製造した。マーシャン・ホフ（Marcian Edward Hoff Jr. 通称 Ted Hoff），フェデリコ・ファジン（Federico Faggin），スタンリー・メイザー（Stanley Mazor）といったインテルのエンジニアのグループは，1971年にコンピューターに内蔵すべくマイクロプロセッサーを設計した。74年には4k DRAM，79年には16企業が16k DRAMに参入し，インテルの集積回路は業界のデファクトスタンダードとして浸透していった。インテルは1973年に8088CPUを発表し，コンピューター動作の基礎となるオン・オフのスイッチを数百万（後には数十億）実行することに成功した。これらのイノベーションの結果として，サンフランシスコ半島の半導体産業は，1960年代後半から1970年代前半にかけて飛躍的に成長した。1966年に6,000人であった半島の半導体産業への従事者は，1977年には2万7,000人に増大している。真空管製造が主要産業だったこの地域は，1970年代半ばに"シリコンバレー"と呼ばれるようになった。

④パーソナル・コンピューター

電子部品ビジネスとそこから現れたベンチャーキャピタル業界は，1970年代から80年代にかけてのコンピューター，計測技術，テレコミュニケーションなどの新しいシステム産業のシリコンバレーの爆発的な成長の源となった。部品産業で得た利益はコンピューター，テレコミュニケーション，計測技術などのベンチャーに再投資された。更に重要なのは，この新しいシステムによって一層高性能で安価な集積回路を設計することが可能になったことである。既

存の企業に加え次々と現れる新たなスタートアップ企業がこれらの新技術とビジネスを爆発的に成長させることになった。それまで電子計測器に特化していたヒューレット・パッカード社は，ビジネスを計算機，ミニコンピューター，インクジェット・プリンターへと拡大した。新しいベンチャー企業は，フェイルセーフ機能のついたコンピューター（例としてTandem），ビデオゲーム（同Atari），通信機器（同Rolm）などに特化した。

しかしシリコンバレーを電子システム製造の一大拠点としたのは，パーソナル・コンピューターだった。この産業は，40年前のパワーグリッド管製造の時とは異なり，機械好きの趣味人たちのグループによって始められたことにある。これらの熱心な技術者たちは，"Homebrew Computer Club"（自家製コンピュータークラブ）という名のインフォーマルなクラブに集まった。このクラブからは1970年代の半ばにプロセッサー・テクノロジー（Processor Technology），アップル・コンピューター（Apple Computer），オズボーン・コンピューター（Osborne Computer）など10以上のパーソナル・コンピューターのベンチャー企業が立ち上がっている。

このうちの一つであるアップル・コンピューター（現Apple Inc.）は，オレゴンのリード・カレッジ（Reed College）を中退してアタリ（Atari）のエンジニアであったスティーブ・ジョブズ（Steve Jobs），カリフォルニア大学バークレー校（UCバークレー）を中退しHPに勤務していたスティーブ・ウォズニアック（Steve Wozniak），アタリのロナルド・ウェイン（Ronald Wayne）らにより1976年4月1日に設立された。アップル・コンピューターは半島のベンチャーキャピタルのコミュニティによる資金提供を受け，フェアチャイルドセミコンダクター，インテルなどでの経験を持つマネージャーを雇用することで，シリコンバレーの主要パーソナル・コンピューターメーカーとして急速にその地位を確立していった。1984年のマッキントッシュを含めて，アップル・コンピューターは数々のイノベーティブなコンピューターを提供してきた。アップル・コンピューターの急速な成長は，シリコンバレーのソフトウェアやディスクドライブ産業の拡大にもつながった。

⑤コンピューター周辺

　スタンフォード大学は，シリコンバレー発展の中核的存在として1980年代の初頭から半ばにかけて，更にシリコンバレーの技術的革新と起業に貢献していった。スタンフォードの技術者グループはDARPA（Defense Advanced Research Projects Agency）のVLSI[14]プログラムによる資金援助を受け，コンピューター・アーキテクチャーとネットワーキングのイノベーティブな研究と開発プログラムに取り組んだ。ジョン・ヘネシー（John Hennessy）率いるチームは，RISC（Reduced Instruction Set Computer）マイクロプロセッサーの開発に貢献した。DARPAの資金援助によりジム・クラーク（Jim Clark）は三次元グラフィックスを使った測定エンジンを開発した。スタンフォード大学での複雑なコンピューターネットワークを構築するための研究は，1981年に開発されたアンディ・ベクトルシャイム（Andreas Bechtolsheim，通称アンディ）による強力なコンピュータ・ワークステーションのデザインにつながっている。また，スタンフォードの技術者ウィリアム・イェーガー（William Yeager）は翌年ネットワーク・ルーターを開発した。これらのスタンフォード大学やUCバークレーで開発された新技術は，シスコシステムズ（Cisco Systems），サン・マイクロシステムズ（Sun Microsystems），SGI（シリコングラフィックス），MIPSコンピューターシステムズといったベンチャー企業により商用化されていった。サン・マイクロシステムズのSUNはStanford University Networkの頭文字をとったもので，アンディ・ベクトルシャイムがスタンフォード大学在学中に独自に開発した校内のネットワーク用のワークステーションをもとに，スタンフォード大学のビノッド・コースラ（Vinod Khosla），スコット・マクネリ（Scott McNearly），UCバークレーのビル・ジョイ（William Nelson Joy, 通称Bill Joy）らと共同で1982年に設立した。1980年代から1990年代にかけて，これらの企業は高度なワークステーション，ルーター，その他のインターネットデバイスの主要なサプライヤーの地位を確立していった。

　そして，1990年代に入るとハードからソフトの時代へと変化を遂げていく。1994年にはスタンフォード大学の院生デビッド・ファイロ（David Filo）とジェリー・ヤン（Jerry Yang）により趣味で始められたウェブディレクトリー

が，Yahoo として立ち上げられた。また，1996 年にはスタンフォード大学の院生ラリー・ペイジ（Larry Page）とセルゲイ・ブリン（Sergey Brin）によって Google が設立された。インターネットの普及に伴い，ネットオークションを主催する AuctionWeb が 1995 年に設立され，1997 年には現 eBay と社名を変更している。

⑥バイオ

情報技術産業の爆発的なヒットと並行して，シリコンバレーは既に 1970 年代後半から 1980 年代にかけて，新しい産業セクターであるバイオ技術の必要性を予測し，この新しい産業形成のための準備を着々と進めてきた。優れた知識を持つ科学者たちを育てるために，カリフォルニア大学サンフランシスコ校（UCSF），スタンフォード大学，UC バークレーは強力な分子生物学のプログラムを作成し，彼らが将来主要なイノベーションの資源となるための準備を始めてきた。この中で，例えばスタンリー・コーエン（Stanley Cohen）とハーバート・ボイヤー（Herbert Boyer）は 1970 年代初頭に DNA 組み替え技術を開発した。また，シリコンバレーのベンチャーキャピタル産業はバイオ技術ビジネスに多額の資金提供をおこない，バイオベンチャーに重要な役割を果たすことも多かった。クライナー・パーキンス・コーフィールド・アンド・バイヤーズのロバート・A・スワンソン（Robert A. Swanson）はボイヤーを説得し，1976 年にジェネンテック（Genentech Inc.）を設立するなど，多くの地元大学の生物学者が後に続いた。例えばポール・バーグ（Paul Bcrg）と アーサー・コーンバーグ（Arthur Kornberg）の二人のスタンフォード大学教授（ノーベル賞学者）は，数年後に DNAX を設立した。1984 年までに 22 社のバイオ技術企業がベイエリアで操業している。こうして，シリコンバレーはアメリカ最大のバイオ技術の拠点となった。

バイオ技術と情報技術を持つ地域の強みは，ハイブリッドな技術と産業をもたらすことになった。例えば IntelliGenetics（1980 年設立）はバイオインフォマティクス，計算分子生物学といった分野を開拓した。分子生物学の国内のコンピューター・リソースで，大規模な分子生物学のデータベースと同時に，計

算ツールと高度なシーケンス検索，照合，操作のためのソフトウェアを提供している。また半導体，ソフトウェア，分子生物学の技術を再統合したGenechipも誕生した。このデバイスは，アフィメトリクス（Affymetrix）によって開発・発売され，集積回路製造の技術を結集したものである。チップは小型DNA診断システムとして機能し，数億の遺伝子のプロファイルと照合することができる。

(3) シリコンバレーのクラスターとしての持続的発展

　ヘントン（Henton 2000）は，シリコンバレーの発展についてシュンペーターの技術の波という観点から捉え，2000年までに少なくても四つの主要な技術の波がシリコンバレーを形成してきたと指摘している。前述の技術革新の歴史をみても，シリコンバレーは常に時代の先端を行く技術開発のプラットフォームとなり，クラスターとしての進化を遂げてきたことがうかがえる。
　ヘントンの技術の波を参考に，現在までの状況をまとめると図表2-3のようになる。

3. シリコンバレーの社会構造

(1) 現状
①雇用環境
　このようにシリコンバレーは主要産業を変化させながら今も進化を遂げている。もっとも，この地域がシリコンバレーと呼ばれるようになった1970年代から1980年代半ばにかけての雇用機会成長率は年率平均7％[15]（アメリカ全体では2％成長）であったのに対し，1986年から1991年までの5年間は0.7％の成長で，約6万人が失業した。冷戦後の国防支出の縮小に加え，1970年代から激化する競争下における半導体の大量生産方式により，分権的・水平的であったシリコンバレーのネットワーク型構造が，垂直構造型に変化したことがクラスターの産業構造の非効率化を招いたことや，競争に適応できない企業の

3. シリコンバレーの社会構造

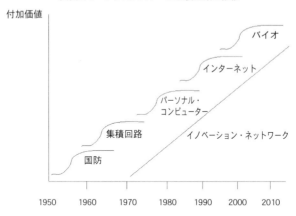

図表 2-3　シリコンバレーの主要産業の推移

出所：Henton "Evolution of Silicon Valley" (The Silicon Valley Edge, p.47) に加筆。

①国防（Defense）

サンフランシスコ半島には，無線愛好家たちの大きなコミュニティがあった。これらの愛好家によって発明された技術が軍事目的に使用されるようになる。第二次世界大戦および朝鮮戦争により，HPをはじめとするシリコンバレーの企業が製造する電子製品の需要が高まり，国防支出が企業の技術インフラ構築を促進した。サンフランシスコ半島は，クライストロン，トラベリングチューブ等において不動の地位を確立し，雇用を創出，原材料の供給業者もこの地域に集まってきた。

②集積回路）（IC）

1955年ノーベル賞科学者Shockleyがスタンフォード大学の近くに半導体研究所を設立した。この研究所の若い研究者たちが集団で設立したFairchild Semiconductorがシリコンを使った半導体事業に成功し，半導体メーカーがこの地域に集まってきた。Fairchild Semiconductorは大量生産システムを構築し，スピンオフ企業であるIntelをはじめ，Advanced Micro Devices，National Semiconductorなど30社以上の半導体企業が1960年代にシリコンバレーで誕生した。1960年代から70年代にかけて，本格的な半導体時代として「シリコンバレー」と呼ばれるようになった。

③パーソナル・コンピューター（PC）

1970年代から1980年代にかけてベンチャーキャピタルが集まってきたことも手伝い，半導体を使用したマイクロコンピューターの時代となった。Apple Computerをはじめとした20以上のコンピューター会社が設立され，Apple Computerの成功はソフトウェアやディスクドライブ産業の拡大にもつながった。

④インターネット（Internet）

1980年代になるとハードからネットワーク時代となり，ネットワーク機器やソフトウェアの開発に移行していく。スタンフォード大学やUCバークレーで開発されたワークステーション，ネットワーク・ルーターの技術がCisco Systems，Sun Microsystems，SGI（シリコングラフィックス），MIPSコンピューターシステムズといったベンチャー企業により商用化されていった。ネットスケープなどのナビゲーションソフトや，シスコシステムズなどインターネット関連会社を設立。1994年4月にはスタンフォード大学の学生たちが検索エンジンの企業Yahooを立ち上げ，1996年にはGoogleも誕生した。ハーバード大学の同級生が東海岸で始めたFacebookもパロアルトに移って来るなど，シリコンバレーには数千のソフトウェアやインターネット関連のハイテク企業が本拠地を置き，その中には

「Fortune1000」に入る企業も多数存在する。

⑤バイオ（Bio）

　一方で，シリコンバレーのベンチャーキャピタルはいち早くバイオ技術に着目し，大学にそのシーズを蒔いていた。その結果，多くの優秀な科学者が育成され，シリコンバレーはアメリカ最大のバイオ技術の拠点となった。さらにバイオ技術と情報技術の双方の知識を利用したバイオインフォマティクス，計算分子生物学といった新分野を開拓する企業も出現した。また，シリコンバレーではエネルギー環境などの分野でも多くのベンチャー企業が立ち上げられている。

一部がコスト削減のために国内の他の地域や海外に生産拠点を移転したことで産業の空洞化が起こったことが原因とされる。しかし，1992年に発足した産学公民の「ジョイントベンチャー・シリコンバレーネットワーク」により新たなネットワーク型クラスター構想が生まれ，ベンチャー企業のサポート体制が充実する中でシリコンバレーは復活を果たした。

　2016年[16]現在，シリコンバレーでは電子，宇宙，バイオ，コンピューター・ハードウェア＆ソフトウェア，法律事務所，コンサルティングなどの産業分野で154.5万人の雇用を創出している（図表2-4）。特に，コンピューター・ハードウェアデザイン，情報サービス，インターネット産業での雇用が増加しているが，加えてコミュニティのインフラ，健康サービス，建設など周辺サービスビジネスでの雇用も増加している。シリコンバレーの人口は300万人で増加傾向にあるが，特に25歳から44歳までの若年労働力の比率が30％と高いことが特徴であり，住民の37.4％（主要産業での技術者・科学者の58％[17]）が外国生まれで，海外からの移住者は増加傾向にある。人口の48％が大学卒業以上の学歴（大学卒27％，大学院卒又は専門的な資格保有者21％）を有しており，カレッジ卒業の24％を合わせると72％に及ぶ。特にエンジニア科学（S&E）の学位を持つ者は2006年より増加を続け，1995年と比較すると2014年時点では41％の増加となった。シリコンバレーのS&E学位者の全米シェアは2014年現在で3.1％であり，高学歴の優秀な人材がシリコンバレーのコアな資産となっている。

　サブプライム問題はシリコンバレーの経済にも大きく影響を及ぼし2009年後半の失業率は12％まで上昇したが，2010年からはベンチャーキャピタル投

図表 2-4　シリコンバレーの現状

広さ	1,854 平方マイル
人口	300 万人
就業数	154.5 万
平均年収	122,172 ドル
企業本社数	400 以上
海外からの移住者	＋14,338

出所：2016 Silicon Valley Index, 但し企業本社数は，2014 Silicon Valley Index。

資も順調に回復した。2015 年には 273 億 4,800 万ドルと，全米 VC 投資額 588 億 1,118 億ドルの 43.2％にあたる。投資の内訳はソフトウェアが全体の 52％を占め，バイオ・医療 17.6％，IT サービス 5.8％，ソーシャルメディア 3.5％となっている[18]。中国やインド市場の回復により Intel や半導体装置メーカー業界が復調を遂げ，インターネットでのレストラン予約サイト OpenTable，ゲートウェイ・セキュリティ製品を提供する Fortinet など新たなベンチャー企業の上場数も増加した。近年はサンフランシスコでのスタートアップも活発で，ソフト関連の起業ではサンフランシスコの存在感が増しているが，その影響もあってこの地域一帯に全米の投資が集まっている。2015 年の雇用は前年比＋4.3％で，2015 年 10 月時点の失業率は 3.6％とカリフォルニアの平均 5.7％，米国の 4.8％を比べてもかなり低い[19]。

一方，シリコンバレーの平均開業数は毎年約 1 万 7,300 社であるが，平均廃業数も約 1 万 2,800 社と，約 6 割の企業が事業展開に失敗していることがわかる[20]。2015 年には，全米で 169 社，シリコンバレー 16 社，サンフランシスコで 6 社が IPO（Initial Public Offering）を実施し株式を公開している。もっとも，「上場せずに非上場のままで企業の成長をめざす」のが新たな風潮となっており，ユニコーン企業と呼ばれる非上場のまま成長を続け，統計に表れない有力企業も増加している[21]のが近年の特徴と言えよう。

リー（Lee et al, 2000）はシリコンバレーの特徴として，①ゲームに好意的な規則（ベンチャー企業に寛容な法律，規則，慣例），②知識集約（情報技術

図表2-5　スタンフォード大学〜1950年と現在の比較

	1950年	2009年	2015年
学部学生数	約4,800人	6,878人	6,994人
大学院学生数	約2,800人	8,441人	9,128人
教員数	約370人	1,800人	2,153人
助成金	約4,400万ドル	126億ドル	222億ドル
ノーベル賞受賞者（現教員）	0	28人	22人
受託研究予算	約1,100万ドル	11.3億ドル	12.2億ドル

出所：Stanford Facts 2009, 2015. 1950年については、Stanford University office of technology science を参照。

に関する豊富なアイデア），③高品質で流動性の高い労働力（才能を引きつける磁石），④結果志向型実力主義（才能と能力により評価），⑤リスクテイクを評価し失敗に寛容な風土（計算されたリスクテイキングと楽天的な起業家精神），⑥オープンなビジネス環境（開放的なネットワーク），⑦産業と相互に交流する大学や研究機関（双方向に流れるアイデアと知識），⑧ビジネス，政府，非営利組織間の協力（地域の持続的発展を目指した取り組み），⑨高い生活の質（美しい自然と都会の快適さの共存），⑩専門化したビジネスインフラ（エンジェル，ベンチャーキャピタルなどの金融，弁護士，ヘッドハンター，会計士，コンサルタントの存在），とまとめている。

こうした自由で起業家精神にあふれた風土における開放的な環境もあって，自然環境が豊かで生活のしやすいシリコンバレーに優秀な人材を惹きつけている。

②*産学連携*

スタンフォード大学の研究機関はクライアント主催の研究開発で，政府，産業界，民間団体に提供している。スタンフォード大学は物理，環境，人文社会，バイオ生命の分野で18の独立した研究機関を有し，研究全体の10％を占める。2015-16年の外部からの受託研究は5,500以上に及び，これら受託研究の約81％が政府により助成されており[22]，スタンフォード大学の数千人のポスドク研究スタッフがこれらの受託研究に関わっている（図表2-5）。

図表 2-6　スタンフォード・リサーチパークの変遷

	1951	1960	1985	2015
面積（エーカー）	290	450	660	700
企業数	1	40	100＋	150

出所：スタンフォード・リサーチパーク・パンフレットより。

　スタンフォード大学の所有する土地の広さは 8,800 エーカーに及ぶ。敷地内には住宅も建てられ，これらの住宅は教授やスタッフのリクルート・ツールとして利用されている。スタンフォードショッピングセンターなど商業施設からの賃貸収入や，スタンフォード・リサーチパークのリース料などの事業収入が，大学の豊かな財務基盤を支えている。

　ベンチャーキャピタルやコンサルタント，会計士，弁護士，弁理士など，シリコンバレーには世界最高水準のベンチャー支援インフラが整備されているが，これらのベンチャー支援にはリサーチパークの貢献が大きい。スタンフォード・リサーチパークは，1950 年代に 3,240 ヘクタールの広大な大学の所有地を有効利用するために建設され，スタートアップの企業に土地の長期リース[23] をおこなってきた。リサーチパークの本来の目的は収入を得ることだったが，R&D 重視の企業をスタンフォード大学の近くに置くという副次的な目的にも適っていた。1951 年には 209 エーカーを開放し，1953 年に初のテナントとしてヴァリアン・アソシエイツが設立された。1955 年ショックレーセミコンダクター，1956 年ヒューレット・パッカードと企業が次々に設立された。2016 年時点で，700 エーカー（2.8 平方キロメートル）の敷地に約 150 社が本拠地を置き，企業側も安い地代と大学との研究の連携という恩恵を受けている。リサーチパークの管理は当初から外部の開発業者を入れずに大学が独自におこない，建物には景観とオープンスペースを重視した規制を定めており。テナントを希望する企業に対しては，大学がその目的に適うかどうかをスクリーニングしている（図表 2-6）。

　リサーチパークが存在することで，大学が企業から賃貸収入を得るばかりでなく，企業の収益はパロアルト市の税収にも大きく結び付き，結果的に市民が住みやすいまちづくりが進んでいる。豊かな住宅環境や便利な商業施設がシリ

図表 2-7　スタンフォード大学の
The James H. Clark Center

図表 2-8　アップル本社

図表 2-9　シリコンバレーの豊かな住環境
（Portla Valley）

コンバレーに質の高いコミュニティを形成させ，高い生活水準[24]を創り上げている。これが，一つの企業に留まりにくいプロフェッショナルたちをシリコンバレーに定着させる大きな吸引力ともなっている。シリコンバレーには住みやすい環境づくりのためのNPOも多数存在する。

　スタンフォード大学には，例えば医学と工学の学際的研究を推進するためのBio-Xプログラムがある。これは工学部と医学部の境界にNetscapeの創業者ジム・クラーク（Jim Clark）の寄付によって新たに建設されたThe James H. Clark Center内で進められてきた。二つのガラス張りのビルが向き合う形になっていて，コミュニケーションのための広場である中庭から研究室の様子が見える構造になっている。建物内には大学人に愛好されているバークレー発祥

3. シリコンバレーの社会構造 33

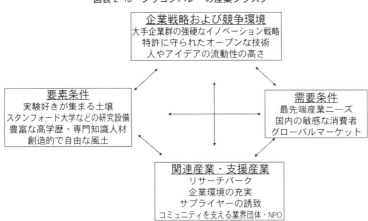

図表 2-10　シリコンバレーの産業クラスター

出所：筆者作成。

のピーツコーヒー（Peet's Coffee & Tea）があり，研究者たちはオープンスペースの中で，日常的な生活の中でお互いに顔を合わせ，話ができる仕組みとなっている。これを見ても研究室や実験室にこもりがちな研究者・技術者たちが人とのコミュニケーションをしやすい環境を，大学が意図的に作っていることがうかがえる。

(2)　クラスター分析

次に，ポーターのダイヤモンド・モデルに従い，四つの条件に基づきシリコンバレーが産業クラスターとし競争優位を発揮してきたのかについて分析をしていきたい。

①要素条件

歴史を遡れば，第二次世界大戦中にワシントンで政界の人脈を広げたターマン教授が戦後スタンフォード大学に戻り，政府から大学や地元の企業に事業がもたらされるように働きかけた時代から，シリコンバレーは産業の中心地を目指してプラットフォームの形成に努めてきた。シリコンバレーでは，1930年

にモフェット・フィールド（Moffett Field）[25]，エイムズ研究センター（Ames Research Center），1939年にNASAを誘致してきたが，50年代には特に航空，宇宙，電子分野での国防プログラムにより大きく産業が成長した。例えば，1950年代にはロッキード社（Lockheed Co.）軍用機製造（Aerospace）の実験施設やIBMアルマデン研究所（IBM Reseach-Almaden），1970年にはゼロックスのパロアルト研究所（Xerox PARC）など研究機関や企業を誘致してきたことが今日の発展につながっている。アメリカ政府はシリコンバレーのクラスター振興のために優遇政策を実施してきたわけではないが，研究支援という側面では大きな役割を果たしてきた。スタンフォード大学やカリフォルニア大学バークレー校は，工学部において優れた実績を持ち，コンピュータ・サイエンスを早くから奨励していたために，政府の研究資金の拡大はクラスターの発展に大きく貢献してきた。

更に，中核となるスタンフォード大学が実務との連携を強く持ち，研究開発に臨んできたことがシリコンバレーの持続的発展には不可欠であった。シリコンバレーの製品の半数以上がスタンフォードの卒業生が立ち上げた企業によるものであり[26]，スタンフォード大学の卒業生，教授，スタッフがこの50年間に立ち上げた企業は1,200に及ぶ[27]。1999年の調査ではシリコンバレーの上場企業上位150社のうち，25%がスタンフォード大学の関係者によって設立されている[28]。全米のみならず世界中から優れた人材を集め，手厚い教育により多数の優れた才能が輩出されている。また，スタンフォードの学生や卒業生と才能を探す企業とのマッチングも積極的におこなわれている。大学が運営するリサーチパークには，世界最高水準のベンチャー支援インフラも整備されている。高い生活水準を満たす豊かな住宅環境や便利な商業施設が揃い，質の高いコミュニティが形成されている。これが優秀な人材をこの地に留まらせる吸引力になっている。外国人比率，高学歴の若手人口比率が高いのが特徴である。

②需要条件

世界最先端の産業ニーズが，シリコンバレーを進化させる需要条件となってきた。前項の歴史をみてもわかるように，国防，集積回路，パーソナル・コン

ピューター，インターネット，バイオと，まずは国家戦略のためのニーズに応えることで，技術と産業クラスターを発展させてきた経緯がある。

例えばインターネット事業の分野では，BtoB（企業間取引），BtoC（企業対消費者間取引）双方の高度な要求がシリコンバレーの技術を進化させることに貢献してきた。BtoB の側面では，シリコンバレーには多くの IT 企業が本拠地を構え，また，世界の主要企業が拠点を置いている。こうした企業が競争優位を確立するための先端技術を探しており，多くの企業はある分野ではパイオニアである。こうした状況が，洗練された最先端の需要環境を生み出している。また BtoC では，カリフォルニアは米国で最も人気のある州であり，裕福な市民が多い地域[29]でもある。カリフォルニアの人々は，新しいビジネスモデルやオンライン技術に敏感で，アーリー・アダプターが多いのも特徴である。更に米国のインターネット浸透，コンピューター・リテラシー，e コマースの普及などの高さも高度な技術を実現することに拍車をかけてきた。

シリコンバレーでは，ローカルに多くの注目を取得し，世界市場を獲得するというプロセスが一般的である。これは，ホームグラウンドで製品の質，価格，信頼性，機能性などの差別化を効果的に図ることで得られる。洗練された BtoB の需要に加え，急速に普及したインターネットのグローバル市場での高い水準を求める消費者の期待に応えることが，成長と革新のドライバーとなっている。

③企業の戦略，構造およびライバル間競争

シリコンバレーには，ベンチャー企業の豊富な成功事例があるが，必ずしも成功例の方が多いというわけではなく，実際には失敗するケースの方が多い[30]。企業は激しい競争環境下にある。特に，ハイテク産業は知的財産に強く依存しており，IP[31] 訴訟も絶えない。もっとも，シリコンバレーは米国の技術のハブとなっていることから，その高い評価が，投資環境を形成する上で重要な役割を果たしている。従って，カリフォルニアの失業率が約 9％と米国でも高い水準にあるのに対し，シリコンバレーでは 3～6％の間で安定している。

ビッグビジネスを目指す企業間の競争は，当然厳しい。しかし，シリコンバ

レーでは技術開発者が別の企業から移動することも，自ら起業することも多いことから，クラスターには協力しあうという文化が自然に育まれてきた。多くの企業が，競争というよりは新しいアイデアを創造するために互いを利用しており，知識を共有し，人とアイデアが移動している。競争がクラスター全体を発展させていることは，外部からシリコンバレーにやって来てビジネスを始めるインセンティブともなっている。資金調達，法律関連サービス，オフィス設立のアクセシビリティは多くの起業家を魅了しており，周りに流れる多くのアイデアは，シリコンバレーの企業に多くの競争と技術革新をもたらす役割を果たしている。技術者や研究者に多くの友人・知人を持ち，アイデアや情報を語り合い，共有しながら自分のビジネスを創り出す風土がシリコンバレーの特徴である。

　米国政府の役割は近年では低下してはいるが，もともと政府の研究受託で始まり一大クラスターとなった経緯もあり，企業は受注と引き換えに政府から利益を得ていることからも，政府の関与はクラスターの発展に大きな役割を持つと言える。

　シリコンバレーの大半の企業は世界市場を対象とする製品を製造しており，海外からの投資の誘致も盛んである。例えばサムスンのような他国の大企業も，世界規模での競争のためには米国のハイテクコミュニティの一員となる必要があることを認識し，クラスター内にオフィスを設立している。

④関連産業・支援産業

　シリコンバレーでは，企業は生き残るために連携することの必要に曝されており，常に技術革新の目標を設定することが，企業努力をかき立てる源泉となっている。例えばインテルはコンピューター用のプロセッサーを開発したが，このプロセッサーは，コンピューターの新たなソフトを設計するためにも必要とされる。ソフト制作会社は，現在のシステムを向上するためにプロセッサーを購入していることからも，実際には同時に複数の企業群がインテルのパートナーとなっていることになる。こうして考えると，企業同士が協力しながら開発に取り組んでいることがクラスターの発展につながっていると捉えら

れる。

　またシリコンバレーには多くの業界団体が存在するが，これらはハイテク産業の現況や将来について議論し，情報交換の場として機能している。1978年にHPのデビッド・パッカードにより設立されたシリコンバレー・リーダーシップグループがその代表例である。産業ばかりでなく，教育，エネルギー，環境，連邦問題，政府との関係，健康，住宅・土地利用，税金対策，コミュニティなど様々な問題が議論されている。また，コミュニティの多様な問題を解決するためにNPOも活躍している。シリコンバレーの人材は，自由なプロフェッショナルで，ライバルやスピンオフ企業への移動が頻繁におこなわれている。シリコンバレーではリスクテイクを受容する風土があり，数十年同じキャリアを追求する可能性は低い。その意味でも，ベンチャーキャピタリストが多いことは，地域のベンチャー企業のみならず，技術の革新に貢献していると言える。

　投資家やベンチャーキャピタリストを必要とするのは，大半が小さなベンチャー企業である。ベンチャー企業は外部から新たな人材をクラスターに引き込み，革新的な技術で業界に新たな展開をもたらす可能性を持っている。また，クラスター内の相互作用ばかりでなく，生産性を高めコストを削減するために，世界中からのサプライヤーを誘致するための取り組みも促進させている。

4. シリコンバレーにおけるイノベーション

　シリコンバレーの歴史を振り返れば，1970年代にこの地域がシリコンバレーと呼ばれるようになる遥か以前から，この土地にはイノベーションの土壌が着々と蓄積されていたことがわかる。19世紀後半にはスタンフォード大学が設立され，1920年代後半から30年代にかけて送信管を工作する数人のラジオ愛好家たちが，この土地に著しく豊かでダイナミックなハイテク・コンプレックスを生み出すことになった。当初シリコンバレーは電子部品の産業地区で，ヒューレット・パッカード社などはあったものの1960年代までは比較的小さ

な企業が多かったが,発明を楽しむ趣味人たちにより3極真空管産業が設立されたのを契機に,クラスターとして大きく発展した。イノベーションをもたらす知識や知恵は,愛好家たちによるインフォーマルなクラブの中で形成されてきた。彼らが集まり,顔を合わせてコミュニケーションをおこなう中で,新たな結合が生まれてきたのである。

　その後のシリコンバレーの進化も,偶然によってもたらされたわけではない。コアとなる研究機関が存在し,大学のまわりには1956年にショックレー半導体研究所をはじめフェアチャイルドセミコンダクター,インテル,アップル,サン・マイクロシステムズなどハイテクベンチャー企業が次々に誕生した。そこにベンチャーキャピタルが集まり,不屈の精神を持つ起業家が育っていった。技術開発が順調に進んできたのも,大学院の学生と企業が連携を強め,これに対する資金助成を政府や民間が一体となって実施してきた結果である。イノベーションの源泉は,そこに存在する人にある。大学院の若い研究者たちは,早くから企業との連携を持ち,強いモチベーションをもって研究に勤しんでいる。彼らの情報交換のために,大学内にも日常的な研究の中で技術者同士がコミュニケーションをおこないやすいよう意識的に作られたオープンなスペースも用意されている。

　そして製品を高度化しようとする企業もまた,優秀な技術者を雇用し,更に優れた研究につながるような環境を整備している。高い学歴と知識を持つ技術者たちは,一つの企業に留まる必要性を感じないプロフェッショナルである。これは過去にフェアチャイルドからスピンオフした企業の数を見てもわかる。自己実現を優先するプロフェッショナルは,よりよい研究環境やより高い報酬を求めて容易に離職する。また自ら起業する技術者たちもいる。しかし,技術者の多くは企業を変えてもシリコンバレーに留まっている。これはシリコンバレーで情報技術に関わる技術者たちが,顔を合わせておこなうコミュニケーションの重要性を十分認識しているためである。仕事環境の中では企業内,企業間でも情報交換がオフィシャルにおこなわれている。家族や子供の学校を通じて,日常的コミュニケーションの場も多く存在している。学歴が高く理系人材が多いこの地域では,多様な人種ながらも,同じような仕事に関わる人たち

が多く集まる地元のコミュニティが形成されており，技術者にとっても居心地がよい環境でもある。

　シリコンバレーで研究者間の情報が盛んな背景には，アメリカでは研究の早い段階で論文発表やパテント申請がおこなわれ，その後は研究内容を公開して研究者のコミュニティからのフィードバックにより開発を進めていくという方法論が一般的であることがある。それによりディスクロージャーとクロージャーのバランスの中で，スピーディーな開発が実現している。シリコンバレーでは，企業と企業の関係は固定的なものではない。製品をデザインし，そのために必要な技術を持つ企業を探しだし，新たな提携を模索していく。そのためには，技術の情報を入手するマーケティングのセンスも必要とされる。企業間では常に情報の奪い合いが繰り広げられている。その激しい情報合戦の中で，多様な情報を引き出す能力，他社の技術の良し悪しが判断できる能力があって，はじめて製品の高度化に臨めるわけである。

　近年のシリコンバレーの製品開発を後押ししているのが，デザイン思考であると言われている。デザイン思考とは，デザインする際の思考の手順で，製品のみならず，組織のあり方などにも応用が可能である。このデザイン思考を最初に提唱したのはスタンフォード大学教授のディヴィッド・ケリーで，IDEO（アイディオ）の共同創設者でもある。製品デザインを性能やコスト，見た目から考えるだけでなく，使われる環境やユーザーの生活を観察し，まず製品のプロトタイプを作った上で，現場で試して改良を加えることを繰り返して，製品デザインを決めていく方法である。市場では，エンジニアデザインにありがちなプロダクトアウト的な製品ではなく，クリエイティブな感性を駆使した製品開発が求められている。アップルの美しい製品を見ても，創業者スティーブ・ジョブズの細部にわたるこだわりがわかる。現代の大企業の役割は，ものづくりそのものから，いかに高い芸術的なセンスを持つ製品やサービスを企画できるか，という点に変化してきている。企画した製品を実際に完成させるためには，各パーツの技術をもつオープン・リソースをうまく使っていけばよいのである。従ってオープン・イノベーションの仕組みとして，産業クラスターのようにリソースが集まりやすく，情報交換が容易な場が有効に機能している

わけである。

　このようにシリコンバレーで創造された無線に始まる技術の知識交換というイノベーションの土壌は，現在も日々の生活を通しても培われている。技術者たちは，シリコンバレーの豊かな自然に囲まれた温暖な気候と住みやすい環境の中で，人間らしい生活をしながら先端の技術開発をおこなうことに満足感を覚えている。シリコンバレーに歴史的に積み重ねてきたソーシャル・キャピタルがあるからこそ，シリコンバレーの進化は確固たるものになり，衰退しないのである。シリコンバレーは，第三のイタリアのようにファミリーを中心としたビジネスではなく，基本的にはプロフェッショナルが仕事を通じて信頼関係を築いている。このことが，クラスターの強固で柔軟なネットワークにつながっている。多様な関係者が集まるクラスターが発展するためには，イノベーションの源泉となるプラットフォームを持続的に構築していく必要がある。プラットフォームの持続的な構築ためには，地域的に近接していることによって可能となる構成員同士のコミュニケーション，更にコミュニケーションのための「場」を作っていくことが不可欠である。

5. おわりに

　シリコンバレーの洗練された製品の開発は，アップル，インテル，Google, Cisco, Facebookといったリーダー企業群の継続的で活発なイノベーション戦略に牽引されている。こうした企業のトップが中心となって新たな製品やサービスを企画し，シリコンバレーの企業ネットワークを使って，技術を持つ企業から必要な部品を調達して製品を完成させていることからも，シリコンバレーではハイエンドを牽引するこうした大手企業がビジネス・プロデューサーの役割を果たしていることがわかる。もっとも，こうしたビジネス・プロデューサーが次々と誕生しているのが，シリコンバレーの特徴でもある。カリフォルニアの自由で人と違うものを好むといったクリエイティブな風土は，こうした新しい事業，製品，ビジネスモデルのアイデアを生み出す土壌となっている。

シリコンバレーの特徴は，市場ニーズを把握するというよりは，誰も想像していないようなアイデアを実現させることにある。この意味でも，シリコンバレーのビジネス・プロデューサーは究極的なプロダクトアウトの発想である。こうして考えると，具体的にアイデアを製品化するのはオープン・リソースを使ったイノベーションとなるが，イノベーションの原点を探れば個人の感性に辿りつく，というのがシリコンバレー研究からの示唆でもある。

　研究開発に携わる人々の多くはスタンフォード大学や国内外の一流大学を卒業しており，裕福な家庭に生まれ，幼少期から一流のものに囲まれて育ってきている。楽器を嗜み，美術への鑑識眼も備えている。こうやって育ってきた人々が，シリコンバレーに集まり，アメリカの雄大な自然に囲まれた環境の中で，日常生活ではスポーツや芸術活動を楽しみながら，高所得者層の仲間たちで集まってパーティーを開き，楽しく人生を謳歌している。そうした日々の生活の中で，新しくできた地元のレストランの評判はもとより，オペラやクラシック音楽，美術品やワインのコレクションといった話題も共有する。仕事での技術に関する専門知識ばかりでなく，こうした人々のネットワークの中で美的な感性も磨かれていくことになる。"Authentic"とか"Cool"といった言葉を好むこの地域の人々が，美しい製品を追究するのは，当然の流れでもある。製品の高度化につながるシリコンバレーの技術と感性の融合は，こうした高度なプロフェッショナルたちのオープンなネットワークにより構築されている。

　もともとは愛好家たちの自発的なクラブから始まったシリコンバレーのイノベーションは，技術者や研究者らプロフェッショナル同士の顔を合わせたコミュニケーションを通じて今も引き継がれている。この後，第5章のイタリアの産業クラスターについての実証研究では，クレモナという小さい町で行われているヴァイオリン産業のクラスターでは，日常生活の中でバールでのコーヒー一杯を通して交わされる会話が，イノベーションにとって重要な役割を果たしていることを示しているが，地理的には広範な産業クラスターであるシリコンバレーにおいても，このクレモナと同様に，実は「一杯のコーヒー」を通じて日常的におこなわれているインフォーマルなコミュニケーションこそシリコンバレーの知を創造しているのである。信頼関係に基づく人間ならではのコ

ミュニケーションにより,「知」が刺激を受け,新しい技術も作られていく。シリコンバレーでは,歴史的に培われてきたオープンな環境下でのイノベーション創出のプラットフォームとなる土壌を,こうして今日も積み重ねている。

注

1　Lee C.M ほか編（2000）,邦訳版 6 頁。
2　HP ホームページ「ハイテク業界のみならず,歴史家,技術者,その他多くの人々からシリコンバレー発祥の地と認められています」（このガレージは 2005 年に復元されている）。http://h50146.www5.hp.com/info/feature/coverstory/06_garage.html（2014.9.10 参照）。
3　Palo＝stick（スペイン語）,Alto＝高い（ラテン語）。パロアルトにはサンフランシスコからも見えるほど大きな Redwood の木が生えていた。この木は今でもスタンフォードの紋章になっている。
4　Lee C.M ほか編,前掲書,218 頁。
5　1934 年にスタンフォード大学卒業後ニューヨークの GE に就職し,1938 年にスタンフォード大学に戻り,1939 年に電気工学の修士号を取得。
6　1934 年にスタンフォード大学を卒業し,1936 年 MIT で電気工学の修士号を取得,スタンフォード大学に戻り研究を続け 1939 年に電気工学の学位を取得。
7　Varian Associates は,半導体製造機器事業と分析機器事業との分社にともない,1999 年社名を Varian Medical Systems に変更した。
8　2008-9 年のスタンフォード大学のロイヤリティ収入は総額で 650 万ドル以上。技術数は 517 であった。http://www.stanford.edu/about/facts/research.html（2014.9.10 参照）。
9　391 San Antonio Road, Mountain View, California.
10　ショックレーはゲルマニウム,ゴードン・ムーアらはシリコンを推進した。
11　これに先立ち,テキサス・インストルメンツで Jack Kilby がメサ集積回路を開発している。
12　Arther Rock と Tommy Davis により設立。
13　ユージン・クライナー,トム・パーキンス,フランク・コーフィールド,ブルック・バイヤーズの名を取っている。クライナーはフェアチャイルドセミコンダクターの創設者,パーキンスは HP の初期のコンピューター部門のリーダーであった。
14　Very Large Scale Integration（超 LSI）1 チップ当たりの半導体素子の集積度が 10 万個を超える集積回路。2000 年代以降は集積回路全般を LSI または IC と呼称することが多い。
15　加藤（1997）,12 頁。
16　2016 Silicon Valley Index.
17　2006 Silicon Valley Index.
18　IT Leaders 記事　海外事情　山谷正己「シリコンバレーはバブルから安定成長へ?!ベンチャー投資は全米の 4 割強を占めるも伸びは前年比 7.5% 増」2016 年 5 月 6 日。PricewaterCooper および米国ベンチャーキャピタル協会資料による。
http://it.impressbm.co.jp/articles/-/13537（2016 年 7 月 1 日参照）。
19　2006 Silicon Valley Index.
20　2012 Silicon Valley Index（1995～2010 年までの平均）。
21　朝日新聞デジタル,ニューヨーク,畑中徹「上場しない巨大ベンチャー急増　シリコンバレーの新流儀」2015 年 8 月 21 日。
22　SLAC National Linear Laboratory を含む。http://www.stanford.edu/about/facts/research.html 2016.7.10 参照。

23　初期のテナントには99年のリースをおこなった。
24　サンノゼはシリコンバレーで働く高所得者が多く住むようになり，高級住宅化が進んでいる。住宅の平均価格が米国で初めて100万ドル（約1億円）を超えた（2016年8月12日日経新聞夕刊3頁）。
25　モフェット・フィールドは，1930年からNavy（米海軍）が用地を入手した。候補地は他にもあったが，この地域のコミュニティが地域振興を目的として，ローラ・ウィップル（Laura Whipple）婦人を中心として，$476,679で1000エーカーの土地を購入し，それを海軍に1ドルで売却した。
26　1996年実績でシリコンバレー全体で1,000億ドル，スタンフォードチームが立ち上げた100の企業で650億ドルを占める（Jon Samdelin "Co-Evolution of Stanford University & Silicon Valley" プレゼンテーション資料）。http://www.wipo.int/edocs/mdocs/arab/en/wipo_idb_ip_ryd_07/wipo_idb_ip_ryd_07_1.pdf　2014.9.10参照。
27　Stanford University office of technology science 資料より。
28　Lee C.Mほか編，前掲書，220頁。
29　平均賃金では米国で7位（ISC, 2011）。
30　平均で年間に1万7,000社が開業し，1万社が廃業。JETRO「シリコンバレーのダイナミズム」を参照。
31　Intellectual Property 知的財産権。

第 3 章

景徳鎮の陶磁器産業クラスター

1. はじめに

　景徳鎮は，1982年に北京や西安など24都市と共に「国家歴史文化名城」[1]に指定され，中国の文化遺産保護対象都市となった。この時指定を受けた都市の大半は商業都市として発達してきたが，景徳鎮はこの中で唯一手工業を礎とした産業都市で，その景徳鎮を経済的，文化的に支えてきたのが窯業である。磁器の原料となる高嶺土[2]（カオリン）と薪（松材）に恵まれていた昌南[3]（現在の景徳鎮）では，既に漢の時代から磁器生産が開始されており，街を貫き北から南に流れる昌江から原料や製品が国内外に運搬されていったことから，昌南の名は広まり，その後景徳鎮と改名された。景徳鎮には，窯業に携わる職人，商人，労働者も集まるようになり，産業都市として発展した。

　宋代から明・清時代を通して最盛期にあった陶磁器生産では，官窯で生産された青花に加え，官窯から生産を委嘱された民窯の技術も発達し，様々な新たな絵付技法が生まれて国内外の需要を開拓し，隆盛を極めた。景徳鎮の陶磁器は「玉のような白さ，鏡のような明るさ，紙のような薄さ，磬のような音色」と評され，伝統的な名磁としては青花瓷器[4]，玲瓏瓷[5]，粉彩[6]，顔色釉[7]が知られている。

　もっとも，これまで陶磁器生産が脈々と続いてはきたものの，中華人民共和国となってからの国営工場の量産体制や，新たな社会主義文化を創生しようとする文化大革命を通して，かつての高度な生産技術はほぼ断絶し，現在の景徳鎮の陶磁器産業は過去の隆盛期とはおよそ異なる様相を呈している。これまでに景徳鎮の陶磁器産業については，朱琰（1767）『陶説』，藍浦（1795）『景徳

鎮陶録』以来，中国を中心に歴史的研究が蓄積されてきた[8]。日本でも多様な視点からの研究がされている（佐久間1999，喩2003，彭2007，李ほか2010など）が，景徳鎮が歴史的に栄華を極めた時代に関する研究が多い。現在の景徳鎮に関する調査としては，方（2004）のクラスターの分業と出身地に関する研究が，旧民窯から新民窯への移行がもたらした集団から個人への生産主体の変化を捉えていて興味深い[9]。本章では，景徳鎮の陶磁産業クラスター全体を捉え，製品を高度化するための方向性を示すために，景徳鎮の陶磁産業に関する先行研究を踏まえながら，現地でのヒアリング調査をもとに景徳鎮の現状について分析し，イノベーション創出への鍵を探る。

2. 中国陶磁器の歴史

(1) その土壌

まず宋代までの中国陶磁器の歴史を概観しておきたい。

①新石器時代

中国では約7千から1万年前の新石器時代の土器が出土されている。その後，黄河中上流域，黄河下流域，長江以南の江南地域では，独自の土器，陶器が作られるようになった。黄河中上流域では灰陶から彩陶文化，黄河下流域では紅陶から彩陶，灰陶・黒陶・白陶を経て黒陶が主流に，江南地域では紅陶・灰陶から黒陶，紅陶を経て再び黒陶へと引き継がれていった。

②夏・商・周・秦・漢時代

商の時代（B.C.1600年頃～）には施釉陶の焼成技術が生まれ，原始瓷器と呼ばれる灰釉陶が誕生し，秦代（B.C.259年－B.C.210年），漢代（前漢B.C.206年－8年，後漢25年－220年）になると，灰陶，加彩灰陶が大量に生産されるようになった。低火度で焼成する鉛釉陶も開発され，後漢時代には越窯青磁と呼ばれる本格的な青磁が誕生した。後に一大産地となる景徳鎮でも，漢時代に

陶磁器の生産が始められている。

③三国・両晋・南北朝時代

三国時代から西晋時代（220年-317年）に発達した越窯青磁には，人物や動物を形どった独特の造形的な特徴もみられる。また華北地域では，北斉時代（550年-577年）に高火度焼成による白磁が開発された。

④唐時代

唐時代（618年-906年）には，浙江省北部越州窯から浙江省南部，福建省，江西省にまで産地が拡大し，陶磁器生産が隆盛した。華北では耀州窯の黒磁・白釉磁，邢州窯（けいしゅうよう）などの白磁生産が広がり，唐時代の終わりには定窯（河北省曲陽県）が白磁生産の中心となっていった。白釉陶は，鶴壁窯（河南省），密県窯（河南省），登封窯（河南省），河南省，河北省，山東省，安徽省，山西省，陝西省へと広がりを見せ，白釉緑彩や釉下鉄絵も開発された。また，邢州窯，耀州窯，鞏県窯などでは，墓に副葬される明器[10]として唐三彩の生産が盛んであった。当時の著名な窯としては，「越州窯（浙江省慈溪），鼎州窯（陝西省耀州窯），ブ州窯（浙江省金華），岳州窯（湖南省湘陰），壽州窯（安徽省淮南），洪州窯（江西省豊城），邢州窯の碗（白磁）」[11]が挙げられる。

⑤宋時代（960-1279年）

白磁では定窯が代表的で，主に刻花や印花で文様を施した象牙色の白磁を生産した。12世紀頃からは「伏せ焼き」[12]の焼成手法が採用されたことで，生産性も高まった。青白磁は江西省の吉州窯や南豊窯，福建省の徳化窯，建窯，浦城窯の他，広東省，安徽省，浙江省などでも焼成されるようになった。耀州窯では，磁州窯系の窯として白釉陶や唐三彩に加え，越州窯の秘色青磁の影響を受けた優れた青磁も大量に生産した。燃料が薪から石炭へ移ったことで，強い火力が持続するようになり磁器生産の追い風となった。河南省の臨汝窯，宝豊窯などでも耀州窯の作風を持つ青磁が生産され，汝窯へと受け継がれた。1127年に宋王室は都を臨安（杭州）に移し，南宋官窯が開設された。越州窯系を引

く龍泉窯は，南宋時代に飛躍的に発展して当時数百の窯が点在していた。華北の民窯を代表する河北省南部を中心とする磁州窯では，白化粧の上に自由な模様を施した製品[13]が作られ，磁州窯系の窯が河南省をはじめ，河北省，山西省，山東省，陝西省に広がっていた。こうして華北では磁州窯系，耀州窯系，鈞窯系，定窯系が重なり合う形で需要に応えるようになった。

　宋代の五大名窯としては，官窯，哥窯，汝窯，定窯，鈞窯が知られている。

(2) 景徳鎮の陶磁器産業の歴史　宋代～清代まで

　このように中国では窯業技術がめざましく発達する中で，漢時代に陶磁器生産が始まったとされる景徳鎮は，以下にみるように，北宋時代に青白磁の完成により中国を代表する陶磁器産地となった。次に，景徳鎮における陶磁器生産の推移について宋から現代に至る推移を示していく。

①宋時代

　北方の戦乱を避け多くの陶工が集まってきた江西省の昌南鎮では，越州窯系の青磁とともに白磁が生産されるようになり，11世紀頃からは青白磁が量産されていった。北宋の景徳年間（1004-1007年）には，真宗皇帝により「昌南鎮」が「景徳鎮」と改称された。景徳鎮窯は宮廷御用達とされ，宮廷用陶磁器の生産を監督する「監鎮官」が宮廷から派遣されて，製品の底には「景徳年製」の款が書かれた。蔣祈の『陶記』[14]によれば，「景徳鎮には300の窯」が存在しており，影青（いんちん）と呼ばれる優れた青白磁を焼成したことから「景徳鎮の磁器」として知られるようになった。

　宋代は景徳鎮における陶磁器生産が目覚ましい発展をとげた時期であり，歴史を持ち，芸術性に優れた青白磁により，景徳鎮は磁器産地として歴史に名を刻むことになった。この青白磁の技法の開発は，後世にも大きな影響を与えることになった。もっとも，この時代に貢がれた御器の大半は，監鎮官が直接磁器生産に関与するというよりは，競争的関係にある民窯の中から選りすぐられたものであった。

②元時代（1271-1368年）

元代になると宮廷への献上制度が更に進み，景徳鎮には1278年に浮梁瓷局[15]と呼ばれる政府の管理機関が設立された。浮梁瓷局は民窯への振り分けや品質管理，磁器輸送のために設置された機関であったが，宋から元時代にかけての宮廷への献上は小規模におこなわれていた。

景徳鎮の陶磁器は刻花や印花による文様表現が主流であったが，文様のデザインは様々に工夫され，特に14世紀前半に景徳鎮で誕生した青花染付が定着すると，緻密な模様構成や多彩な表現が可能となり，写実的な文様も出現した。龍文，鳳凰文などの動植物の文様が好まれて描かれた。青花磁器は，白磁の釉下にコバルトで絵付けをし，透明な釉薬をかけて1,300度前後の高温で焼成した彩画磁器である[16]。景徳鎮の染付は1330年前後に開始されたと考えられているが[17]，青花磁器の焼成技術は急速に発達したことから，大型の盤や壺が製作されるようになり，広い面積に描かれる文様が磁器生産の中心的な課題となっていった。

この時期に，中国の磁器は単色から彩色の時代へと移行していった。コバルトを全面にかけた瑠璃釉磁，銅紅釉を全面にかけた紅釉磁も，この時期に開発されたものである。景徳鎮の青花磁器は対外輸出を前提として発達したもので，元代の青花磁器の大作はイスラム圏にも輸出された。海外需要[18]の増大によって，それからわずか70～80年の間に景徳鎮の名は海外で染付の産地としての名声を博し，その後国内市場にも広まっていった。景徳鎮の青白磁生産は，市街地と郊外の湖田窯に広がる広大な地域でおこなわれるようになった。

③明時代（1368年-1644年）

明代初期には，永楽帝の対外貿易政策と南洋航海に促された中国と西アジアの大規模な貿易拡張により，染付磁器の輸出量が大幅に拡大した。浮梁瓷局の管轄による大規模な官営手工業の動きの中で，1402年には景徳鎮市の珠山に御器廠と呼ばれる官窯が設置された[19]。官窯は宮廷・官府の高級日用品と鑑賞用磁器の需要に応えることを目的としていたが，献上品や貿易品も含め大量の注文がされるようになり，官窯には莫大な資金が投じられた[20]。生産は細かい

分業体制を敷いた大規模工場でおこなわれており，72 の工程に分けられていた[21]。明代の官窯では「八業三十六行」と言われ，「採土」「胚戸（成型）」「窯戸（焼成）」「紅店（加飾）」「匣鉢」「包装運送」「下足修補」「磁器道具」の 8 つの業に分業されて，工房が請け負っていた。更に，製品の器種や等級により「作」という単位で細かく細分化され，工房内でも分業が進んでいた。規模生産に必要な労働力を確保するために，政治的地位を使って民窯から熟練工を強制的に役務させる匠役制度が採られるようになった。また，不足する人材を確保するために，外部から優秀な人材を受け入れる賃金制度も採用されるようになった。官窯では熟練労働と単純労働が分離され，砂土を採掘運搬する砂土夫や重量のある器物を運搬する大量の非熟練工が必要とされ，景徳鎮とその周辺地域から動員されていった[22]。

こうした分業体制の確立により，職人が一つの工程に特化することで次第に熟練工が生まれ，品質が向上したばかりでなく，新たに卵殻磁，法瑯磁といった独自の製法も生まれている。この頃，景徳鎮は 1 万人以上の陶工が従事する世界最大の陶磁器クラスターを形成していた[23]。細かい分業体制は，クラスター内で大勢の人々が生計を立てられることを可能とし，産地の生産性向上に貢献した。大規模[24]生産をおこなう官窯では品質が厳しくチェックされ，多品種にわたる高級品が扱われた。優れた工匠には官職が授与されるなど，昇進制度も用意されていた。洪武年間（1371-1395 年）には海禁政策によりイスラムからのコバルトが途絶えたため，大型の鉢や盤，壺，玉壺春，梅瓶などの釉裏紅磁器が量産された。この時代の青花が元代に比べ暗く淡い色調なのは，コバルトが途絶えたために国内で産出される土青[25]を用いるようになったからだと考えられている。

永楽年間（1403-1424 年）になると国家的貿易が再開され，コバルトの輸入も再開されたことから，青花が文様表現の中心となった。天球瓶や扁壺，僧帽壺，燭台，大型の盤など多彩な器形に束蓮文や唐草文が描かれた宣徳年間（1426-1436 年）は，中国青花の黄金時代であった。この宣徳期には豆彩（「斗・闘」）[26]が誕生して，装飾性の高い精緻な作品が生産された。豆彩の発明により，従来の一次焼成技法の限界を超えた二次焼成技法が確立され，この結果釉

上彩絵の分野は飛躍的に拡大した。特に五彩は，長年官窯以外には生産が許されなかった技法である。「宣徳8年，景徳鎮に対して竜鳳磁器14万3,500点を焼成せよと命令が下された」[27]という記録からも，景徳鎮が陶磁器産業として隆盛を極めた時代であったことがうかがえる。また，官窯の製品には初めて官窯銘が入れられるようになった[28]。

このように，景徳鎮では官窯の設立により官窯の御器廠と民窯の双方で磁器生産がされるようになり，官窯では献上品，民窯では日用品が生産されていった。官窯には生産を監督するために監陶官が置かれたが，監陶官として宮廷から派遣された宦官が御器廠管理の権利を独占することによる弊害も多く，地元の窯民や朝廷の大臣からの反発も強かった。このため1530年には監陶制度は一時的に停止されたが，後に江西省各府から監陶が派遣されるようになった。職人は匠役制度による官窯での服役を通じて自分の技能を向上させ新しい技術を習うことができる一方で，優秀な民窯の職人が官窯に吸収されていったことから，匠役制度は明中期には崩壊した。

嘉靖年間（1522-1566）頃には海外からの需要も増大して，御器廠への膨大な注文に対応するのが難しくなったことから，官窯から民間への焼造委託が実施されるようになり，いわゆる「官搭民焼」が定着した。その結果として，民窯の技術水準が向上し，高級品を扱う民窯が富裕階級の需要に応えるようになっていった。官窯では龍文や鳳凰文，花鳥文，魚藻文，蓮池水禽文，牡丹文が主流だったが，民窯では古赤絵なども生まれ，多彩で華麗な五彩磁器が作られ，文様の種類も増加した。次第に，官窯の厳格な作風による伝統的な写しが衰退し，民窯では吉祥文などの文様が多く見られるようになった。景徳鎮の民窯では明代末期に「芙蓉手」と呼ばれる貿易用の大型盤が，オランダ東インド会社により欧州などに輸出され，官窯に代わって民窯が隆盛を極めるようになる。万暦年間（1573-1620年）には五彩磁器の器種が増大し，尊[29]，香炉，燭台などの大型の調度類や筆箱，硯，筆管，筆架などの文房具類も造られるようになった。清朝初期には欧州向けの青花も焼成されている。17世紀初頭からオランダ，イギリスの商船によって大量にヨーロッパに輸出されると同時に，ロシア帝国や日本，東南アジアへの輸出も拡大し，景徳鎮の製法技術は大きく

発展した。

　このように明代の嘉靖・隆慶・万暦の約100年間が，景徳鎮の青花磁器の第二の隆盛期で，生産量・種類ともに頂点に達した。明代に始まった磁器の大量輸出は，青花磁器の造形の多様性と，装飾文様の変化をもたらし，従来の刻花・印花・彫花から多種多様な絵画へと発展し，文様は生活に密着した親しみを感じさせるものとなっていった。官窯を中心として発達した青花や釉里紅[30]に代表される釉下彩絵技術，豆彩・三彩・五彩に代表される釉上彩絵技術などの磁器製法が民窯にも及び，陶磁器クラスターの生産性向上をもたらした。

④清時代前期（1636－1795年）

　戦乱を経て荒廃した官窯は1660年に一時的に閉鎖されたが，政治が安定した康熙19（1680）年頃には御器廠も再開[31]され，雍正・乾隆帝時代まで再び景徳鎮の隆盛期を迎える。清代には御器廠は「御窯廠(ぎょようちょう)」と改名された。監陶官には，磁器生産の専門知識と事業意欲を持つ地方長官や内務府の有能な人材があたるようになった[32]。この時代には，洗練された三彩磁器や端正な五彩が見られる。景徳鎮では，宮廷内の内務府造辨処琺瑯作で絵付けされていた琺瑯彩の技法を土台として，釉上彩の粉彩の技法が開発された。雍正年間（1723－1735年）になると，この技法には更にグラデーションが表現されるようになり，写実的な花鳥文も描かれるようになったことで，官窯の青花磁器は衰退し，色絵磁器が頂点を極めていった。更に，乾隆年間（1736－1795年）には技法が更に精緻化されていった。官窯の技術発展を支えたのが，年希堯と唐英の二人の監陶官であった。明初期の1402年に設立された官窯は清朝前期の康熙・雍正・乾隆の約130年間に黄金時代を現出し，唐英が景徳鎮を去る1756年まで技術の頂点を極めた。佐久間（1999）は，清初の陶磁文化の発展の要因として①歴代皇帝が中国文化ばかりでなく外来文化の吸収にも積極的であったこと，②督造官にすぐれた人材を得たこと，③官窯の陶磁焼造が中央財源により賄われており地方の負担を軽減していたこと，④官窯が匠役制から雇役制に代わったことで自主性と積極性が高められたことをあげ，「このことは，当時の商品流通機構のなかで民窯の商品生産をいっそう促進することにもなっ

た」³³ と述べている。

　以上のように，景徳鎮では元・明・清代を通して，宮廷御用達の官窯と，一般市場向けに昔の技術や伝統を受け継ぎながら民衆が使う雑器を焼く民窯が置かれ，国内外に輸出されていった。特に需要が急増して官窯の生産が追い付かなくなった明・清代には，官窯から流れた原材料や工芸技術により民窯の技術が著しく向上し，景徳鎮は品質と生産量の多さから世界の磁器産地としての不動の地位を確立するようになる。

(3) 清時代後期以降の景徳鎮

　しかしその後，嘉慶年間（1796-1820年）になると倹約が奨励され財政が緊縮されたことから，御器廠の生産量も減少した。太平天国の戦火（1851-64年）で破壊された景徳鎮では御器廠の活動も停止したが，1866年には李鴻章により蔡錦青を監督官として御器廠の建物が再建され，特に1874年からは古器の模倣を中心とした生産が再開された。もっとも，清代初期の隆盛期に比較するとはるかに少量生産で，官窯に新技法の開発力はなく，民窯のほうが倣古技術も進んでいた。清代末期には宋・元代の磁器や単色釉の倣古磁器が多く，この頃は清代初期の優れた製品が普及したと同時に，宋・元時代の文化の高さが見直されて研究が進んでいったことがうかがえる。その後，明代の倣古磁器も作られるようになり，清代末期から中華民国（1912-1949年）初年にかけて倣作技術は著しく向上した。この理由としては，官窯の優れた技術者が拡散したことで倣作を許されていなかった御用達品が自由に模倣できるようになったことや，官窯の作品がヨーロッパにおいて高値で取引されていたこともあって，顔料の研究も進み，選抜された熟練者が極めて精巧な倣古を製作するようになったことがあげられる。景徳鎮には過去の秀作を自ら再現しようとする気風が溢れていた。王琦，鄧碧珊，徐仲南，田鶴仙，王大凡　程意亭，汪野亭，劉雨今は景徳鎮の八大名家と呼ばれるようになり，この他にも優れた陶工たちが出現した。1911年の革命以降戦乱が続く中，中国の磁器生産は衰退したものの，景徳鎮では倣古磁器の生産が続いていた。

第二次世界大戦後1949年に中華人民共和国が成立すると，景徳鎮を復興するために，景徳鎮に十数の国営工場が建設された。紅旗陶磁工場，宇宙陶磁工場，東風陶磁工場，紅星陶磁工場，曙光陶磁工場，光明陶磁工場，芸術陶磁工場，人民陶磁工場，建国陶磁工場，景興陶磁工場の十大工場のほか，為民陶磁工場，華風陶磁工場，紅光陶磁工場，新光陶磁工場，彫塑陶磁工場などの十数社の工場を総じて「十大陶磁工場」と呼ぶ。各工場には特徴があり，「国窯磁は清の模倣品，紅旗は中南海用，彫塑は人形，宇宙は国窯の分工場で輸出・国内宴会用食器，新華は少数民族用，紅星は日用品，景興は結婚式用，曙光は庭用，光明はほたる茶碗，芸術は芸術品を生産し，国空は模造技術が最も高かった」[34]という。国家の計画に基づき，国が生産と販売を指令する体制では，以前のような芸術性の高い磁器は衰退し，生活用品としての磁器生産に重点が置かれるようになった。

　1950年代には地主や資本家などの私有財産は没収され，更に公私合営[35]をおこなったことで私企業はなくなり，工場は行政幹部が支配するようになった。共産党下では，製品に個人銘を入れて価値が上がるようなことは許されていなかったが，伝統継承のために1953年には景徳鎮市陶瓷館が設立されている。もっとも1966年からの文化大革命（1966-77年）では，封建的・資本主義的文化が批判され，復興しつつあった文化芸術の関係者たちは農村に追放され，「景徳鎮でも多くの技術者たちが再教育のために農村に追放されたため，文化・芸術復興への芽が摘み取られてしまった」[36]。文革の間は，模造品の製造も一切禁じられていた。

　その後1978年に鄧小平[37]による開放経済体制に移行すると，市場経済が導入され，経済が急速に拡大発展した結果，規模の小さな私営企業が次第に発達していったが，これらの民間企業は資金力不足で生産面では遅れを取っていた。長期的目標を持たなくなっていた国営工場生産は，80年代に入ると工場長の生産下請け責任制となり，工場長の経営業績が評価されるようになった。これに伴い，工場長の任期期間中に経営業績を残すことが求められ，長期的な経営目標を持つことがなくなった。更に解放政策が進行した90年代になると，景気の悪化により景徳鎮全体の生産量も落ち込んだ。国営工場は企業改革に着

図表 3-1　倣古品の生産工場　　　　　図表 3-2　陶瓷学院教授と創作芸術品（陶瓷学院展示室）

手せざるを得なくなり，所有権と経営権の分離を図るため国営企業から国有企業と改められた。実質的に国営工場は解体されて今は研究機関を残すのみとなり，景徳鎮の陶磁器生産は民間の私企業が担うことになった[38]。

　一方，かつての景徳鎮の官窯製品は，希少性と骨董的価値から国際市場のオークションで高額で落札されており，既に一般大衆には手の届かないものになっていた。このため，1980年代末頃から香港・マカオ・シンガポールなどの海外商社が，景徳鎮に対し鑑賞用陶磁器の大量生産注文をするようになり，景徳鎮の陶磁器には新たな需要が生まれてきた。90年代以降は，こうした需要に応えるために，景徳鎮とその周辺地域では多種多様な伝統的陶磁器を模倣した倣古磁器が大量に生産されるようになった。また，景徳鎮には陶瓷学院の教授陣をはじめとして，創造的な芸術作品を手掛ける芸術家も多く集まるようになった。このため景徳鎮全体では，量産の日用品や工業用品に加え，工芸美術品の分野では創作芸術品と伝統的絵付磁器（倣古磁器）の2つの流派に分かれた生産がおこなわれている。

3. 官窯と民窯の役割の変化

　次に，景徳鎮における官窯と民窯の役割の変化についてまとめておく。

3. 官窯と民窯の役割の変化

　前述のように，景徳鎮では五代，宋，元の王朝を経て窯業が発達し，明，清の時代に中国を代表する陶磁器クラスターが形成された。景徳鎮は対外貿易で重要な役割を果たし，宋代から始まった磁器の輸出は，元代には染付がイスラム圏を中心に輸出され，明・清時代にはオランダの東インド会社，スペイン，ポルトガル，イギリス，ロシア，更に日本の茶人たちによって輸出が隆盛し，世界に普及していった。その高い生産技術は世界をリードし，朝鮮，ベトナム，タイといった隣国から，日本，ペルシア，東アフリカ，ヨーロッパへと伝播していった。この需要を支えたのが宮廷用の官窯と一般市場向けの民窯であった。

　官窯の技術や上質なコバルトなどの原材料は流出が固く禁じられていたが，民窯は官窯の労働力に組み込まれていたことから技術革新が進み，次第に「官搭民焼」体制となって，官窯は民窯に生産を委託するようになった。貨幣経済が未発達な段階では成立していた無償の匠役制度も，銀を主要通貨とする「班銀制」による貨幣経済の発達により，官窯では工匠が不足するようになり，民間に委託する注文生産が開始された[39]。国家から際限なく経費を保障されている官窯ではコストを意識することなく，最高品質の製品製造・開発がおこなわれていた。官窯では器を窯に詰め込み過ぎず，火加減が最もよい中心部のみに置かれていた。このため，官窯の焼成効率は民窯の3分の1以下であった。

　官窯では多くの職人と非熟練労働者を秩序よく動かすために，階層的な管理組織が構成された。上級管理官には，陶磁器の知識を持つ優れたエリートが代々続き，工匠制度により優れた人材を確保していった。彼らには昇進というモチベーションが与えられ，新技法が開発されていった。工匠制度は労役の苦痛を伴いながらも，工匠にとっても官窯の技術を学び，自分の技能を上げるよい機会となっていた。官窯は高度な職業訓練の場を提供していたことになる。官匠たちは官窯での仕事を終えると自由な創業を認められるようになり，技術や組織管理のノウハウを民窯に持ち込んでいった。その後の匠役制の崩壊で，民窯に生産委託制度が確立され，官窯から民窯への技術伝播は更に活発になった。民窯の技術向上が官搭民焼の成立条件でもあったので，意図的な技術移転も進められていく。

　人員の水増しや，横暴で残虐な宦官の行為などが判明して官窯には不満もも

たらされたが，官窯の経営改革の中で賃金制が導入されると，職人はインセンティブを持つようになり生産性が高まった。この結果，コスト意識も高まり，抱えていた在庫は民窯に放出されていった。これが民窯の模倣品の手本となるが，既に官窯の技術も民窯に移転されていた。

　明中期に官窯から委託された民窯は慎重に選定され，「約900軒あった中でわずか20軒であった」[40] という。これらの窯は青窯と呼ばれた。当初は臨時的措置として採られていた委託も，次第に委託料が支払われるようになり，清代になると自由意志による取引となって，市場価格による下請け料が支払われるようになった。民窯では品質向上のために設備投資が進み，高度な熟練が必要とされるようになったことから，分業も進んでいった。こうした分業により，工房は手作業工場へと規模が拡大し，官窯による原材料の良質磁土やコバルトの独占も崩れ，官民の協働作業による生産が進んでいった。

　しかし，1949年の中華人民共和国の設立で，民窯は公有化され，数千あった窯業業者は十社の大型国営企業に再編された。ここでは近代的機械と設備が導入され，手工生産は徹底的に排除されて，機械化による量産体制を進めていった。国有工場による皿や茶碗などの日用品の量産が主となり，景徳鎮が得意とする鑑賞用の陶磁器は無用な贅沢品として厳しく制限されたため，これらの優れた技術は姿を消し，1980年代からの国有工場は市場経済に適応しない経営体制から経営不振となり倒産していった。この時期に発生した多数の家庭工業的な小規模工場が，現在は景徳鎮の窯業の中心となっている。

4. 景徳鎮の社会構造

(1) 現状

　景徳鎮の人口は約162万人[41]，市街地人口は約50万人で，20万人以上が陶磁器業に携わっており[42]，工場は大小合わせると5,000以上に及ぶ[43]。中国日用陶磁器の売上上位100社に景徳鎮からは1社も入っていない[44] ことからもわかるように大半が小規模企業で，中規模以上の企業は100社弱，総従業員数は

10万人を超えており，陶磁器産業生産高は200億元を超える見込みである[45]。景徳鎮市瓷局[46]によれば，市の経済活動の約3割が陶磁器によるものだという[47]。中国全体では2011年に日用陶磁器生産数が300億個を突破し，生産高は849億元，タイルなどの工業用陶磁器生産高は6,000億元に達している[48]。

中国の元号千年にあたる2004年には大規模な景徳鎮命名千年祭が開催され，これを契機に街路灯は染付のタイル支柱が建てられ，薪窯はガス窯に代わり，御窯跡の発掘も行われた。市内には「景徳鎮陶瓷器博物館」「中国陶瓷城」「国際陶瓷器博覧センター」など多くの陶磁器関連施設が作られ，毎年10月には大規模な中国景徳鎮国際陶瓷博覧会が開催されている。空港近くには工業区が設置され，大企業の大半がこの地区に位置する。十大国有企業を統括していた市瓷局は，現在では主に外資企業を工業区に誘致する役目を担い，政府が土地を貸し，生産・輸出に関して海外企業に投資を促すといった協力・提携関係を結んでいる。かつて街の中心に位置した国有工場は，小工場や陶房・ギャラリーとして民間に払い下げられ，窯業の事業活動に使用されている。

中国国内の国家級美術工芸家20数名のうち12名が景徳鎮在住であるが，景徳鎮では一家三代にわたり陶芸に従事し功績のあった家には，地元政府が「陶瓷世家」の称号を授与している[49]。「景徳鎮陶瓷学院」など陶磁専門学科をもつ学校には，陶磁器の製造技術を学ぶために全国から学生が集まり入試倍率も高い。今日では歴史的に有名な陶磁器生産の中心地として，世界中から毎年5〜600人の陶芸家や学者もやってくる[50]。

同じような伝統的日用品ばかり生産していた景徳鎮の陶磁業も変化をみせ，近年では近代的な日用品や芸術品に力点が置かれるようになり，衛生陶器，工業用，エレクトロニクス用など多方面にわたる陶磁器も生産している。建築用としては瓦が多く，広東省を主な市場とするという。中堅企業ではあるが，航空工業，自動車産業に使用される磁器生産もおこなわれている。陶瓷局が台湾や日本企業の誘致も進めた結果，2002年から2004年にかけて景徳鎮の陶磁器産業はようやく回復の兆しを見せ，2002年に16億元だった国内総生産が10倍になったという[51]。このように資本誘致は景徳鎮に経済と集積双方の波及効果をもたらしたが，陶磁器生産量では陶器と磁器の両方が生産されている広東

省・佛山市が景徳鎮を抜いたこともあり，かつて世界の一大陶磁器産地も厳しい競争環境にさらされている。佛山は沿海にあるため物流にも便利で，労働人口も多い。景徳鎮は磁器の生産量は国内一位だが，「陶磁器」という括りでは中国一の生産地としての座を引き渡したことになる。

(2) 景徳鎮の分業とネットワーク

次に，方（2004）の先行研究をもとに景徳鎮の分業制度について詳述していく。景徳鎮の伝統的製法では，成形した素地を匣鉢[52]に入れて積み上げ窯焚きする。場所により温度が異なることから，それぞれの温度に応じた釉薬をかけた磁器を置かなければならない。これらの作業は全て陶工の経験によって采配されており，製品の出来栄えは陶工にかかっていた。分業が進み官窯の需要が大きくなると，人材不足から江西省の各県から労働者を雇い入れ，これらの労働者は補助的な作業に係わるようになった[53]。職を求めてやってきたこれらの出稼ぎ労働者は，景徳鎮に愛着がなく，景徳鎮に定住せず水運が途絶える季節には故郷に帰っていた。もっとも，次第に技術をあげた熟練工も誕生し，彼らは景徳鎮に住み着いて定住し，家業として子孫がこれを受け継ぐようになった。このように，もともと景徳鎮の窯業は地元市民（本籍人）だけでなく，外部からの労働者（外籍人），および国内外からの商人によって構築されたクラスターで，窯業従事者のうち外籍人は8～9割を占めていた[54]。

外籍人は同じ出身者同士，血縁関係により「行会」を形成し，特定の業種を独占した。外籍人は景徳鎮に入ると出身の行会に入会しなければならず，ある仕事に就きたい場合には仕事を占有する行会への入会が必須だった。景徳鎮では，製造する磁器により，業種により出身地が分かれていた。行会は入会者の寄付により運営され，集会所，宿泊施設を構え，商売仲介や運送手配などの業務もおこなった。有力な行会は出身地の建築様式による会館や書院を有し，それらの様式が異なる建物は景徳鎮の観光名所ともなっていた。出身地域が違う従業員同士には対立も多かったという。

現在も景徳鎮周辺には，図表3-3にみるように特定の製品を制作する小工房の地域が集積している。これらの工房群は機械に頼らない手作業による生産体

図表 3-3　景徳鎮における手工工房の分布

立地	工房数	生産方式	製品種類	中心市街との距離
樊家井	約 400	手工	中・低級倣古磁器	市内
筲箕塢	約 300	手工	中・低級倣古磁器	市内
老鴉灘	約 30	手工	象嵌細工磁器，磁板	約 2km
李家坳	約 20	手工	高級倣古磁器	約 3km
里村	約 200	手工	大型倣古磁器	約 1km
鳳凰山	約 40	手工	素地，観賞用磁器	約 3km
西瓜州	約 40	半機械・半手工	日用磁器	すぐ
石岑・紅源	約 30	半機械・半手工	日用磁器	約 5～10km
官庄	約 20	半機械・半手工	日用磁器	約 10km
湖田，三宝蓬	約 20	手工	陶芸品	約 10～15km

出所：方（2004）95-96 頁。

制だが，方は，敢えて機械化生産をしないこの状況を，国営工場の量産体制に対して「どれも一律で個性の無い工業品に倦怠感を感じ，再び伝統と個性のある手工品を求める時代の重要に合致して，こうした手工業工房が出現してきたのではないかと思われる」[55]と指摘する。

　工房経営者の大半は江西省内の農村地域の農民出身で，80年代以降に景徳鎮に来て窯業に携わるようになったが，90年代初頭からの経営不振で国有工場の従業員を失職し，工房を構えるようになった。さして大きな資本を必要としないこうした窯業では，シャトル窯のような全自動の焼成設備を導入するだけで大幅に労働の軽減を可能とさせ，技術やデザインのセンス，市場ニーズの理解，経験だけで経営者になることができる。最も規模の大きい樊家井には，現在では約400軒の工房が集積する。形態としては工房つき店舗，店舗のみ（成形した半製品を購入し，自分で絵付けをして，焼成は専門業者に依頼），工房のみ（素地加工の専業，村内に特定顧客を持つ）の3種がある。生産や販売を統括・管理する組織はないが，分業・協業のシステムがうまく機能している。分業の過程には，坯土Ⅰ（成形＋下絵付又は上絵付），坯土Ⅱ（成形のみ），紅店（上絵商人），窯戸（焼成業者）があり，成形は半機械，焼成は全自動化で，絵付けは手工である。絵付工房は全国の顧客に店舗販売をしているが，成形・

図表 3-4　樊家井における出身地域と分業実態

出身地域（県・市）	景徳鎮との距離	専業の製品	当該製品におけるシェア
都昌	90km	粉彩，五彩	約30%
鄱阳	75km	人形粉彩	約15%
楽平	30km	花鳥粉彩	約30%
撫州	180km	元時代染付	約10%
豊城	250km	低音釉三彩	約50%
景徳鎮市内		粉彩，五彩，染付，単色釉，素地	約35%

出所：方（2004）100頁。

　焼成工房は集積地内の特定顧客と取引している。小規模工房同士は横のネットワークを持ち，「かつての民窯とかなり共通した特徴を有して」[56]いるという。地縁と血縁のネットワークが形成され，インフォーマルな形で存在している。同じ地域の出身者は共通の言語や生活習慣を持つことから，結束が高められ，図表3-4に見られるように分業の一部を独占している。

　かつての民窯では，基本的に市場に受け入れられるような製品を作る必要があった。それでも生活のため大衆のための芸術品の需要があったのは，現在のような作家のプロダクトアウト的発想の芸術品ではなく，市場ニーズを取り込んだ一般大衆の価値観や理想をわかりやすい形で具現化していたためである。景徳鎮の絵柄には①縁起物の模様や装飾（魚＝豊作，牡丹＝一族繁栄，ザクロ＝子宝），②小説・演劇を題材としたもの（水滸伝，三国志など古代，特に明清時代のもの），③その時代の生活や風俗，などが代表的であったが，更に新しい絵柄が模索され，抽象画のような模倣も取り入れられるようになった。日用磁器を主製品とするかつての民窯で作られた製品は，量産のコスト削減のために単純化され，廉価で売られていたので職人が銘を入れることもなかった。造形や絵付けの模様も変化することなく受け継がれていった。しかし高度な機械化生産が進む一方で，近年ではかえって個性に重きが置かれるようになってきている。鑑賞用の磁器の価格は，経費との兼ね合いではなく，デザインや絵付けによりどれだけ付加価値がつけられるかにかかっている。職人は付加価値をつけるために芸術性を追求するようになり，銘を入れたり証明書を発

図表 3-5 リヤカーで次の工程工場に運ぶ女性

行したりするようになった。景徳鎮に定住していない外籍人には，家業による技術の継承を越えた知識や知恵が求められることになる。

　景徳鎮では，市場によって価格およびモノや情報の流れが決定され，市場を通して「個人の知識や技能が一箇所に集められ，そして生産と販売の集積地が形成されていった」[57]といえる。市場の情報を持ってくるのは，全国各地からやってくる商人たちである。従来のマカオや福建省蒲田地域の商人に加え，本省・江西省撫州，更に瀋陽，鄭州，天津，北京，上海，広州の商人が参入し，現地の景徳鎮や本省南昌の商人らも加わった。街頭では同じ出身地域者同士が集まり，工房を歩き回って仕入先を探して歩いているという。景徳鎮ではこのように血縁・地縁のネットワークによる結束力をもって，分業体制が機能し，製造や商売に必要な情報が集積されてきた。

(3) 陶磁政策

　景徳鎮の陶磁政策は，国家政策であると同時に地方の政策でもある。文化予算というよりは支援プロジェクトにより，土地の貸与などの便宜を図ることを主とした政策である。年一度の国際陶瓷博覧会も貿易上の大きな機会を付与している。観光政策として，古い工場や遺跡により，歴史的つながりを観光客に示し，跡地をアーティストがアトリエとして利用したり，陶磁を使った景観づ

くりなどもおこなっている。陶磁器のキーホルダーや記念品など観光グッズも製作する。政府の支援もあり，陶瓷局では景徳鎮の陶磁器産業の発達のために優遇政策を実施してきた。

陶瓷局では，景徳鎮の産業クラスターを構築するメリットとして以下の5点をあげている。

①都市ブランドとしてのメリット

景徳鎮は陶磁の発祥地として，陶磁器を連想させる知名度があることから差別化がしやすく，外部資本も投入されるようになってきている。景徳鎮で制作することで自らのステータスも上がる。青花など4大銘柄が国家商標として登録されている。

②文化的側面

陶磁器の稀少で長い歴史を持つ景徳鎮の市内には多くの遺跡があり，独特な文化を育成してきた。現代の陶磁器芸術の中心として人材も集中している。国家級の人間国宝が約50名，省級119名，陶磁器の教授・副教授約150名，高級芸術職人1万人を抱える文化都市である[58]。陶磁器と絵画を目指して人々が集まって来るため，文化産業発展のための「場」を提供している。

③科学技術としての役割

2004年に国家技術部が許可され，科学技術城が設けられた。人材育成には後述の学生2万人を抱える景徳鎮陶瓷学院があたり，高級日常陶磁器の技術により日用品（陶磁器製便器など）も製造している。江西省の景徳鎮陶磁器科学技術工業園区は1.7万m^{2}の広大な敷地を持ち，ハイテク技術を持つ企業を集中誘致している。

④貿易

毎年開催される景徳鎮国際陶瓷博覧会は商務省と江西省が支援しており，貿易にも大きく貢献している。当初は誘致が進まなかった[59]というが，行政の

バックアップも受けて年々規模を広げている。

　この景徳鎮国際陶瓷博覧会は 2004 年に開始され, 2013 年に 10 周年を迎えた。2013 年には, 中国陶瓷博物館から市内北東部に新たに設立された景徳鎮国際陶瓷文化交流中心（ICOC）に会場を移し, 10 月 18 日から 22 日の 5 日間にかけて開催された。景徳鎮陶瓷学院客員教授二十歩文雄氏によれば,「21.5 万 m^2, 建設費 4 億元が投資されているこの景徳鎮の新しい陶芸文化の中心として開発されている地区には, 国宝級陶芸家作陶施設, 展示館, ギャラリー街, 省・市級の認定陶芸家の作陶施設, 中青年陶芸家作陶施設, 5 星ホテル, レストラン, 陶磁器物流施設, 国宝博物館, マンション群, 広大な専用駐車場などが建設予定である」。2016 年現在, 既にいくつかの施設は完成している。2012 年の博覧会には 700 社以上が参加, 1,759 のブースが展開され, 世界各国から 4,200 人以上のバイヤーが参加する予定[60]とされていたが, 更に規模を拡大し, 2013 年には 10 月 18 日の開幕式だけでも約 5,000 人の来賓が入場している[61]。2004 年以来, これまでに 49 カ国から 5,000 以上の展示企業, 4 万人以上の入場者, 120 万人の観光客を集客してきた[62]。展示会の特徴としては ① プロの展示会としてのレベルの高さ, ② 出展企業の地域の幅広さ, ③ 製品レンジの広さ, ④ 世界各国からの参加, ⑤ 陶磁器拠点としての力強さ, の 5 点があげられている[63]。行政の強いバックアップのもとで, レベルの高い展示会となっており, 国内の多様な産地から工芸美術品, 日用品から工業製品まで幅広い展示がおこなわれ, 中国の陶磁器の中心としての存在感をアピールすることに尽力している。

　展示会場は 3 つの建物に分かれており, A 館には国内外有名企業の出店, 世界各国からの公募方式による受賞作品を集めた第 2 回カオリン杯陶芸作品展[64], B 館には国内主要地域の工芸美術品と日用陶磁, C 館には日用品, 機材, 原料, 学生作品の展示がされている。海外企業では, リモージュ, リヤドロ, ウェッジウッドなどヨーロッパの主要メーカーをはじめ, 利川（韓国）, 北朝鮮, ベトナム, アフリカなど世界各国から出店されており, 日本からは九谷焼や京セラなどが出店している。

　中国景徳鎮国際陶瓷博覧会は, 業界内における高い知名度と影響力が評価さ

れ，2012 年度まで 3 年連続で中国展示会産業金指賞を受賞している。展示会では各ブースで熱心な商談がおこなわれており，国際化，ブランディング，プロモーション，文化交流の重要なプラットフォームとなっている。

⑤人材育成

　景徳鎮は人件費の安さが量産を支えている。江西陶瓷工芸美術職業技術学院，景徳鎮陶瓷器高等専科学校の 2 つの短大[65]（専科大学）もあり，毎年多数の卒業生を排出している[66]。景徳鎮では人口の 3 分の 2 は何らかの形で陶磁器に関わっているが，生活環境も整っていて，人件費も相対的に安い。関連産業の生産チェーンもあり，窯・道具・原料など陶磁器を作るための全てのものが調達でき，他の地域にはない環境が整っている。

　中国で唯一の陶磁教育機関である景徳鎮陶瓷学院は，1909 年に設立された陶磁学校を母体としており，1958 年に再構築・名称変更された。幅広い知識を持つ陶磁専門家を養成するための大学として，国内 31 国立大学の一つとなっている。工学部，設計芸術，機械工学，経営，情報技術，外国語，社会科学，体育など 11 学部を有し，教職員 1,100 名，学生数 1 万 5,000 名を抱える総合大学で，市内の旧校舎に加え郊外に新校舎も設立され，広大な敷地で総合的な教育がおこなわれている。

　陶瓷学院だけでも，学生数 4,000 名，教員 200 名という規模の大きい学部で，学院の卒業生や美大の卒業生が教授にあたっている。学生の約 8 割は陶芸家としての独立を目指しており，実際に 8 割が陶磁器関連企業へ就職する。大半は倣古を希望するが，自由作家を目指す学生もおり，経済状況がよいことを示している。授業料は学部芸術系では年間 2 万 4,000 元，修士は 2 万 8,000 元[67]であり，海外からの留学生も多く[68]，中国語のプログラムや宿舎なども用意されている。

　官主導では，陶瓷学院のほか，省や市の三大研究所が芸術制作に取り組んでいる。

(4) 景徳鎮陶磁器のマーケティング・ミックス

次に，景徳鎮の磁器製品のマーケティング・ミックスについて，工芸美術品を中心にみていくことにする。

①製品

景徳鎮の代表的な陶磁器は工芸美術品，日用生活品，建築用に大別される。この中で2011年12月のヒアリングによれば，最も活気があるのは工芸美術品で，次に日用生活品，建築用と続く[69]。日用品と工業用セラミックスは先進国に遅れを取っている[70]とみられる。

国営工場時代には私有企業がなかったため民間で芸術品を扱うこともなかったが，鄧小平時代が終焉すると国有企業は芸術の研究所を残すのみとなり，民間企業が日用品から工芸美術品へ参入するようになった。もともと中国人は経営者（老板）になりたいという上昇志向が強い。独立志向が強く，個人がすぐに工房を構えるため，景徳鎮周辺には工房が立ち並び，せめぎ合っている。

工芸美術品については前衛的な陶瓷学院派と，伝統的デザイン（山水，花など）を好む伝統派に分かれている[71]。公務員である陶瓷学院教授陣は生活が保障されているために，制作は創作芸術品に専念する者が多く，これらの芸術品は総じて学院派と呼ばれている[72]。「中国でも生活が豊かになるにつれて，好みのものを買うようになってきている」[73]ことから，陶瓷学院周辺の中心街には作家の高級作品を取り扱うギャラリーが増加し続けており，「コレクターも斬新的な学院派を好む傾向にある」[74]という。景徳鎮陶瓷学院の秦錫麟名誉院長は，景徳鎮の製陶業の発達のために，現代の陶芸家は ① 国際性，② 民族性，③ 地域性，④ 個性を備えていることが不可欠であり，優れた伝統を継承しながら創造を加える必要性があるとし，「景徳鎮はいわば世界の陶磁器の都であり，深くて厚い文化の蓄積がある。陶芸家にとってここに住んでいることが創作の源泉になる」[75]と語る。

もっとも「顧客はよいものを欲しがっているが，よい製品は少なく，企業からも『よいもの』への要望が強い」[76]という。但しここで言う「よい」とは，派手なもの，豪華なものを指し，顧客は陶磁器として「よい」ものを見分ける

鑑識眼は持っていない。陶瓷学院二十歩文雄客員教授も「そこまでの顧客のレベルは育っていない」と語る。非日用的なオーナメントに対し，器を購入する層には，① 私有企業のオーナー，② 官僚（官官接待の贈答品），③ サラリーマン層（趣味として）の三種類が存在する。官僚は人間関係のためだが，①や③は投機目的である。ところが，2012 年 11 月に共産党大会で習近平が総書記に就任して以来，綱紀粛正令により官費の無駄遣いや官官接待，贈答行為などが厳しく禁止され，汚職摘発にも積極的な姿勢が示されているために，これらの高額製品群の需要は激減している。このため，芸術品を手掛ける作家の売上も 2010 年をピークに半減している[77]。

　芸術品と日用品の作家は明確に分かれており，作家が制作する食器は茶器・酒器など嗜好品に限られている。料理のために使用されるような高級日用品はほとんど存在しない。芸術作家が高級日用品を手掛けることはなく，国内の所得水準が急速に上昇する中で，将来的にニーズが高まると思われるこのセグメントは，マイセンなど海外企業に浸食されてしまう可能性もある。景徳鎮国際陶瓷博覧会には，前述のようにウェッジウッドやリモージュをはじめ高級食器を手掛ける有名企業も出展している。「景徳鎮の高級レストランに行っても食器のレベルは低い。文化性を持った陶磁器を作る必要がある」[78]と考える作家はまだ少数派だが，今後国内でも核家族化が進めば，宴会用の食器ばかりでなく，こだわりを持ったオリジナルな食器のニーズも増加すると思われる。問屋制度が発達していない景徳鎮では，企業が独自ルートを開発しているため，市場ニーズについては自主的に把握することになる。企業は市場ニーズに合わせて新製品開発を進め，政府はアイデアコンペ（日用品，おみやげ，色など）などで賞によるインセンティブとして貢献しているが，需給のマッチングはうまく機能していないのが現状である。「景徳鎮には，長年培って来た伝統的な技術はなくなってしまった」[79]という声も聞かれ，原材料についても同じことが言える。一部の作家は陶土にもこだわりを持ち，独自のルートで農民が掘った土を購入して土練りからおこなっているものの，元来国家管理下にある土地から採取される土は特定業者が統括することになっており，実際には，景徳鎮の良質な土が他産地のものと混ぜて販売されている[80]。このため，かつてのよう

な良質な陶土を入手することも難しくなっている。

　景徳鎮の三大ブランドとしては博大陶磁，玉柏陶磁，貝玉陶磁があげられる。企業に所属する作家は量産することができるが，個人の独立した作家は量産でないところに価値を見出している。独立した作家の製品企画には，流通側のアドバイスと制作者側のクリエイティブな部分の双方が存在する。北京の販売店副社長徐莉氏によれば，「流通側は製品企画するというよりは，エンドユーザーの要望をそのまま伝える役割を果たしており，多くの作家はそれらのアドバイスをそのまま受け入れる」という。トータル的なデザインをするには，最初から独自に制作している場合に限られるが，景徳鎮では芸術品についても一人の作家がはじめから終わりまで一貫して制作をするのは稀で，作家は職人集団に支えられているため，企画力とデザイン開発力があれば独立できる環境にある。

　もっとも徐莉氏は，「景徳鎮の技術は部分的に，特に道具に関しては昔より向上しているが，全体の技術水準が上がっているとは言えず，現在のニーズに合うものが作れていない状況である」と述べている。景徳鎮もかつては絵付け中心ということはなく成形にも力を入れていた。しかし「景徳鎮の焼き物の精髄は，絵にある。絵の革新と創造は，景徳鎮が長く陶磁器の都となってきた重要な理由だ」[81]という言葉にも表れるように，現在の景徳鎮は絵付けを強みとして打ち出している。このため成形は適当でよいという考えがあるという。陶瓷学院二十歩文雄客員教授も「景徳鎮では轆轤は中卒がする仕事で，絵付の方が圧倒的に格上だ。人間国宝級でも轆轤はひけない」と述べている。また陶瓷学院施弟教授は，「日用品については江北省などから材料や半製品を購入し，絵付けだけ景徳鎮ですることも多い」と指摘する。日用品に関しては，製品企画をするイノベーターの役割は景徳鎮の地元市民が担っているが，大企業がほとんどないことから，後述するように小規模企業間は協力関係にある。

　また，景徳鎮では安い労働力を利用して，ヨーロッパや日本の磁器企業と提携したOEM製造も盛んである。例えば日本の土岐市の陶磁製造並びに商社である山加商店と提携関係にある景徳鎮嘉加陶磁公司では，日本の外食産業の食器やディズニーランドの製品をはじめ，コンビニの景品などがこの大規模な工

場で生産されている。日本企業の品質水準に合致する製造は検品回数も多く，合格率を上げるために下焼きをするなどでコストが嵩むために，赤字になりがちである。和高社長によれば，「高品質の製品を作るには設備が3割，人が7割」という。同工場では優れた品質管理により，2005年の設立時には検品合格率27％だったものが2013年現在75％まで上昇しているが，中国企業にとって日本が要求する高度な品質水準をクリアするのは容易ではなく，「日本企業の品質水準をクリアできる中国国内の企業は3～4社」しかないという。「目がよく手先が器用な若い女性を雇用しやすいこともあり，中国のほうが転写はうまい」[82] というが，品質水準の維持とコストは常にトレード・オフの関係にある。

②価格

工芸美術品の価格は，作家の意見を聞きながら，市場のニーズをみて決められる。陶瓷学院の教授陣は，講師，助教授，教授といった地位により価格の相場が決まっている。教授陣は，昇進にも影響するため総じて制作や販売に熱心で，ビジネス志向が強い。芸術作品を手掛ける陶瓷学院師弟教授は「景徳鎮にいた方が売れやすい。もちろん外に出て自分を宣伝したり，アピールすることも必要だ」と語る。

中国の陶磁文化も，現在はコレクションとしての価値だけが重視される傾向にある。コレクターは北京に最も多く，北京では最高級の展示会が開催されている。このため，国内の評価としては景徳鎮よりも北京のほうが重要な市場と捉えられている。北京，上海，広州の三大都市が中国市場の中心である。販売する地域によっても値づけが異なり，北京と上海では高値で購入される製品の産地も異なる。流通側からすれば，「景徳鎮は中国の一つの産地という位置づけに過ぎず，景徳鎮は取り扱う製品の数は多いものの，景徳鎮だから価値が高くなるというわけではない」[83] という。中国国内の工芸美術品の主な産地には，江西省，湖南省，河南省，山西省，河北省，山東省など10カ所以上あり，各地域の特色も異なる。エンドユーザーには，価格が安いこともあって景徳鎮よりも浙江省や潮州の陶磁器の人気が高いという。景徳鎮には作家や教授の数は多いが，人間国宝級の作家は景徳鎮にばかりでなく全国に点在している。北京

では高級日用品として，潮洲（龍泉）のシリコン，玉を混ぜた1セット1万元以上のものも販売されているが，景徳鎮製のものは壺などの大型製品が多く，高級日用品は流通していない。

　ブランド管理に関しては，陶磁器には普及品から高級品まで品質管理の基準があるが，陶器には品質基準が存在しない。「輸出に関しては，検測局と監督局による検品がおこなわれており，特に監督局では明確かつ詳細な基準があり，海外の基準を用いることで税関としての歯止めを果たしている」[84]という。もっとも，製品の品質保証については企業独自の基準が最も重要で，監督局の役割は基本的には本物を支援することにより偽物を排除する方向にあるという。市陶瓷局では粗悪品はその場で壊すようにアドバイスしているが，零細企業が多いこともあって廃棄するのは難しいのが実情である。結局，自社で品質のランクをつけ価格設定を変えることで，二級品以下の製品も価格を下げて出荷してしまう。徐莉氏は「景徳鎮市政府は，まだブランド管理について意識を持っていない」と指摘する。中国では「よいデザインがあってもすぐに型屋に売ってしまうことから，他社にすぐに真似されてしまう」[85]という。ブランド管理は国や地方政府に託されているが，実際には，市政府には保護に対する認識も薄く，特に対外的な宣伝や保護はうまく機能していない状況にある[86]。「役人が4年ごとに交代してしまうので，短期的な成果しか見ていない。役所が個人プレーをさせてしまっている」[87]ことも背景にある。

　③流通

　景徳鎮十大陶瓷工場歴史博物館の李館長によれば，景徳鎮に来る客のうち「7割が知名度を，2割が陶磁器を，1割が文化を買いにやってくる」という。市内の北東部に陶磁器販売店の集約区域である「中国陶瓷城」には，約300店舗がひしめき合って販売合戦を繰り広げ，週末には国内外から集まる大量の観光客が観光バスでやってきて，大きな壺や家庭用の陶磁器セットを買っていく。もっとも，販売している製品は所謂低品質の普及品で特定の趣味を持ったものは置いておらず，店舗による差別化も進んでいない。近年俄かに注目されているのは楽天陶社市場で，学生を中心に自分の作品を直売する場が定期的に設け

| 図表 3-6　中国陶瓷城 | 図表 3-7　楽天陶社市場 |

られており賑わいを見せている。

業界団体としては生産中心の景徳鎮陶磁器協会（政府と企業，業種団体で構成される半官半民）が存在するが，流通管理の専門協会は存在せず，市場に依存している。貿易会社や輸出入会社はあるが，流通の自由度は高い。和高社長は「景徳鎮は，名前は有名だが商売は下手で沿海に任せていた。花瓶などを中心に個人が『人』で売って来たが，販路が確立していないので景徳鎮の洋食器メーカーはもうだめだ」と述べている。

工芸美術品に関しても，大都市への流通に中間業者は介在せず，全て個別作家との直接交渉である。顧客にはリピーターが多いが，新規のコレクターも一定の割合を占めており，香港や台湾のコレクターも購入している。2011年12月時点のヒアリングによれば，「芸術品においては国内での需要が十分にあることからも，現状では海外に出てマーケットを確立している中国人は少ない」[88]という。

④広告・宣伝

作家の知名度を高める方法としては，コンペや展示会の場を提供するといった方法もあるが，特に近年ではオークションが注目を集めている。定期的に開催されるオークションでは海外からの入札もあり，北京ではかつて年2回だった大規模なオークションが，現在では四季ごとに開催されるようになっている。作家も自分の作品を積極的に出品しており，特に若手作家にはオークショ

ンは重要な役割を果たしている。オークションを主催するのはオークション専門企業で，特に4〜5社が有名である。価格を上げるために介在する集団も存在しており，相場を知らない顧客に高額で売りつけるといったビジネスも横行している。

　工芸美術品の個展は，北京など大都市のデパートや景徳鎮のアトリエでも開催されており，コレクターは注文を入れることができる。ここでは，顧客は完成した作品を購入するのであって，顧客が作品に対して注文を出すといった芸術的な介入はされていない。「陶磁器の知識が少ない顧客には，文化的・内容的説明から導入する必要があり，陶磁器を見るときに内包されている文化的要素を説明し，理解させていく」[89] という。もっとも，文化的な価値を捉えるという視点は現在の中国に欠如している部分で，コレクションとしての価値だけを重視する傾向にあり，よいものを教えるリーダーシップ的顧客は少ない。このため，販売店がデザインのアドバイスや誘導をおこない，時には作家の潜在能力を引き出す役割も担っている。日本では工芸美術品は百貨店で個展を催すことも多いが，中国では百貨店は高級層をターゲットとしておらず，セット物の日用品ばかりが陳列されている。

(5) 景徳鎮のクラスター分析

　ポーターのダイヤモンド・モデルに従い，四つの条件に基づき景徳鎮が産業クラスターとしてどのように機能しているのかについて分析をしていきたい。景徳鎮の陶磁器クラスターの現状についてダイヤモンド・モデルを使って分析したのが，図表3-8である。

①*要素条件*

　要素条件としては中国髄一の陶磁製造クラスターとしての伝統，技術を教える景徳鎮陶瓷学院，国家主導の文化政策と地方自治体による資金援助，原材料調達のしやすさ，独立起業のしやすさ，国宝級の陶芸家や陶瓷学院の教授陣の存在などがあげられる。高品質な天然資源については枯渇傾向にあるが，人件費の安さから分業による完全手工芸型体制で，全国から技術の習得や仕事を求

図表 3-8　景徳鎮の産業クラスター

```
           企業戦略および競争環境
              完全分業体制
              オープンな技術
         地元の人材育成を目指した（国際的）窯業学校
              大量多品種
    作家によるアート（オブジェ・摸古品）・職人の普及品

要素条件                              需要条件
景徳鎮の"伝統"                         官官接待
景徳鎮陶磁学院         ⇔              国内の大量消費
原材料                                オークション（アート）
伝統工芸士
学院教授陣
全国から豊富な職人

              関連産業・支援産業
              景徳鎮国際陶磁博覧会
              工業区（外資の誘致）
           ギャラリー街・大規模な陶器商店街
              学生による常設的市場
```

出所：筆者作成。

めて多くの人材が集まってきている。外国人もいるものの，大半は国内の人材であるが，13億人の人口を抱えるだけに優れた技術を持つ熟練工も多数育成されており，分業体制の中でスピード感のある正確な加工作業が進められている。陶瓷学院を中心に大量に専門的知識と技術を持つ人材を養成することで，景徳鎮のみならず国内の窯産業に貢献している。

②需要条件

需要条件としては，近年までの官官接待を中心とした高額品のニーズと好景気に支えられた投資としての美術品のニーズ，出身地域を軸とした独自の販売ルート確立，国内人口が多いことによる大量の注文などがある。美術品市場の取引は透明性に欠けるため正確なデータを得るのは難しいが，現在の世界の美術品取引高は700億ドルにのぼり，他国に比べ中国では美術品を投資手段として購入する現象が一般化され，中国はハイエンド美術品の主な市場となっている[90]。陶磁器では，2010年にはサザビーズ香港で清の乾隆帝時代の「浅黄地洋彩錦上添花万寿連延命図長首葫芦瓶」が2億5,266万香港ドル（当時の為替レートで約26億円）と陶磁器史上最高値で落札されるなど，特に香港では美術品

への関心が強く，オークション大手クリスティーズ香港での2011年の落札価格は704億円，サザビーズも過去最高を記録した[91]。中国の富豪の投資先として芸術品は4位に上昇しており，中国人の買い手の増加により，乾隆帝時代の磁器の価格はその3年前に比べても約5倍になった[92]。ただこのようなハイエンド向けの骨董品市場は別として，現代の陶磁器需要をみると，芸術品については派手なもの，大きな物に消費者の関心が向いており，国内市場に芸術的な鑑識眼が十分育成されているとは言い難い。北京や上海など都市部の市場でも，「景徳鎮」のブランド価値が高いというわけではなく，小売店でも景徳鎮は陶磁器の一産地として認識されているに過ぎない。

③企業の戦略，構造およびライバル間競争

　企業戦略・競争環境としては，クラスター内でのオープンな技術（コピーすることに罪悪感がない），量産品と芸術品の二極化，芸術品は倣古品と創作芸術品の二極化，クラスター内に多数の製作者がいることでの全体生産量の拡大などがあげられる。ハイエンドを目指す芸術家は独立独歩である一方で，量産品においては各企業の競争は激しいものの，中国国内に巨大市場を有していることから，それぞれに商売が成り立っており，家族や同胞を基本としたネットワークの中で，分業体制の一端を担い，仕事を融通・手配している状況にある。安物でも作れば売れるという現状下においては，景徳鎮のブランドを構築するための戦略といった統一的な方向性もみられず，クラスターを牽引するリーダーやリーダー企業も存在しない。

④関連産業・支援産業

　関連産業としては，先にあげた景徳鎮陶磁協会の他，陶磁美術協会などもあるが，行政の影響力が強いことから，これらの協会がクラスターの中でリーダー的な役割を果たしているというわけではない[93]。支援産業としては，毎年開催される中国景徳鎮国際陶瓷博覧会の他，景徳鎮陶瓷器博物館，中国陶瓷城，国際陶瓷器博覧センターなど陶磁器関連施設，大企業の大半が位置する工業区などがあげられる。景徳鎮市は毎年景徳鎮国際陶瓷博覧会の規模を広げ，景徳

鎮を陶磁器のメッカとして復活させるべく政策を繰り広げており，民間の間にも多少は支援する動きは広がってはいるものの，クラスター再構築のための諸策は行政主導で進められている。中国行業協会商会も半官半民であり，完全に民間という組織は存在しない。もっとも民間の融資企業は多数存在するという[94]。また，工業区には台湾などの外資企業が積極的に進出しており，新たなデザイン性の高い（派手な）製品も開発している。しかし基本的には景徳鎮の陶磁器クラスターの現状は，個々の利益を優先させる個人主義企業の集積に留まっており，同族・同胞主体の職業コミュニティは存在するものの，全体最適となることを目指したクラスターとしての関連産業・支援産業の擁立には至っていない。

5. 景徳鎮におけるイノベーション

景徳鎮の陶磁器生産に関わる数々の技術的イノベーションは，宋時代に始まり盛衰を繰り返しながら，元・明・清の隆盛を極めた時代に皇帝御用達の官窯を中心に誕生し，これらの技術や原料が民窯にも流出していった。そこには技術に詳しい優れた陶磁管理官が存在しており，細分化された分業による陶磁生産を統括すると共に厳しい品質管理がおこなわれていた。皇帝による最高水準の需要に応えるために，最高の原料と職人を使用して完成された優れた製品は，国内のみならず貿易品として世界を市場に大量に生産されていった。特に景徳鎮における磁器生産の注目すべきイノベーションとしては，宋時代の青磁や白磁の開発，元代にコバルトの輸入によって始まった高品質な染付磁器の青花，清雍正時代のヨーロッパから色ガラスを原料とした琺瑯技術による絵付けなどがあげられるが，釉薬の開発も伴って乾隆時代には「作れないものはない」と豪語するほどの技術レベルを誇るようになり，景徳鎮製の最高級品はヨーロッパや中東の王侯貴族にも人気を博した。資金面でのパトロンと高度な要求をする歴代の皇帝の存在や量的市場は景徳鎮のイノベーション過程に不可欠であった。

しかし栄華を極めた景徳鎮の窯業は，計画経済下で大工場に編成され，細々と倣古品の領域で高級品の製造を維持していたものの，文化大革命で人民に奉仕する形でしか製造が許されなくなり，更に改革開放で状況は大きく変化した。今日の景徳鎮は量産の普及品と芸術品に二分化しつつ，クラスターとして内では個が主体となって製造し独自のルートで販売しているが，全体として市場を彷彿とさせるような製品開発はされていない。営々と半製品を流し，絵付けを加えて「景徳鎮製」として出荷してしまうため，クラスターのブランド管理もできていない。日本の伝統産業では，産地問屋が分業の采配を管理し，製品企画をするプロデューサーの役割を果たしている場合が多いが，景徳鎮には産地問屋も存在しない。このため，職人や作家はリスクを負わずに制作に専念することはできず，常にビジネスを意識していかなければならない。血縁・地縁によるネットワークだけが頼りであるが，優れた人材や資源をつなぎ合わせるような役割を果たす機能が存在しない。

　産業クラスターといえば成功事例を目にすることが多いため，クラスターを構築すると製品が高度化すると考えがちであるが，景徳鎮の事例をみると，実はクラスターを構築したからといって製品が必ずしも高度化に向かうわけではないことがわかる。窯業では，登り窯を使用していた時代には費用面からも窯を共有しており，窯出しの際に他作家の作品を見る機会があったため，他の作家の技量を確認することもできた。しかし，これがガスや電気窯に代わったために，作家は個々に焼成するようになり，自然な形でおこなわれていたピアレビューの機会も少なくなった。中国では官官接待で贈答用の需要が多かったが，贈答用では自らの趣味を極めさせるような製品を選定することもないので，消費者の鑑識眼も発達してこなかった。産地問屋がないことも，クラスター内の製品についての目利きの不在につながっている。ブランドを確立するための量的市場はあるが，かつてのようにパトロンもいないので，作家もビジネスを優先していかなければならない。その結果，集積地としてのメリットは薄れ，クラスターには粗悪な普及品と芸術品が混在するようになり，かつての景徳鎮の名声は失われてしまっている。

　伝統工芸のクラスターでは，伝統と創造のバランスが難しい。陶瓷学院がク

ラスターを牽引すべく存在ではあるが，十大博物館の李勝利館長によれば，「陶瓷学院は創作としてはよいが，伝統の継承という点ではあまり貢献しておらず，影響力は持っていてもクラスターのリーダー的位置づけではない。1950年代には教授陣にも経験豊かな人材が多かったが，現在は少なくても景徳鎮を代表することはできない」という。まさに個は活躍してはいるが，クラスターとして伝統技術の上に培われるイノベーションを創出するような知の蓄積がおこなわれていない。

　市場創造にも問題がある。景徳鎮ではハイエンド（倣古品，創作芸術品）とボトム層（量産日用品）をターゲットにしており，中間層である高級日用品の生産はされていない。しかし，GDPの上昇とともに国内家庭における食器の需要も変化を見せることは容易に予想され，これらの市場を開拓していくことが急務となると考えられる。

　行政が民間企業とのコラボレーションを図りながら陶磁産地としての復興を試みる景徳鎮ではあるが，現在のように短期的成果を求める行政主導では，クラスター内のイノベーション創出を期待することは難しい。なぜなら，伝統工芸におけるイノベーションは多様な資源や技術を組み合わせ，探求していく長い過程の上にはじめて可能となるものであり，クラスター内での技術や資源を熟知しつつ新市場を創造する芸術的かつビジネスセンスを持つ「人」は，こうした集積のメリットを活かした知の蓄積の上にはじめて出現するものだからである。かつてはクラスターを牽引する官窯や民窯，或いは十大工場が存在していたが，中小零細企業の集積となった景徳鎮は，シリコンバレーのようにビジネス・プロデューサーの役割を果たすような大手企業が存在しているわけでもない。外資の大手企業は少なくても製品プロデュースをおこなってはいるが，色使いや模様も派手なばかりが特徴で，洗練された趣味の製品を作りだしているわけではない。その意味でも，技術に美的感性を融合させたものづくりには至っていない。クラスター内部にリスクを負うビジネス・プロデューサーが登場すれば，作家も安心して制作に専念できる。その意味で，クラスターの次世代マーケットを創造していく力のあるイノベーターは，景徳鎮には未だ不在のように見受けられる。

6. おわりに

　中国では一般に製造より投資欲の方が強く，現地の人たちは工場を建てて外地の人に貸し，自らはその産業に関わらない場合が多い。景徳鎮でも「租厰制」と言われる貸し工場を職工が利用するシステムが採られていった。貸工場のため新たな設備投資をしない標準的な工場で，技術イノベーションが起こりにくい状況にあった。工場は個人の職人の技能に頼らざるを得ず，技能を伝承するシステムを構築することが難しかった。現在では，芸術品と日用品を製造する工房が集積するが，各人が独立独歩のため，クラスターとしての製品の高度化には向かっていない状況にある。景徳鎮ではリーダーシップを取る企業や人が存在せず，個別のイノベーションだけが期待されている。知の集積として技術が伝わっていく道のりが疎かにされ，ある者は価格の高い芸術品を創作し，ある者は半製品を加工して，或いは安い完成製品を仕入れて「景徳鎮製」として販売している。景徳鎮ではこれらが両極端で，地道に市場を作り上げていくという蓄積が欠如している。分業体制が進んでいるが，成形は半製品を購入するのが一般的なばかりでなく，絵付けを他の地域でおこなうことさえあるという。先に述べたように，景徳鎮では技術を学びに来ている陶瓷学院の学生さえ，半製品を購入したり，デザインをコピーするのが当たり前のようになっている。このような景徳鎮に比べ，競合でもある「河南省では成形も絵付けも全て重視している」[95]。

　次章に示す日本・有田の陶磁器クラスター研究では，代々そこに暮らす地元市民が，技術を向上させ，それを地域に蓄積することで人々が生き残る術を考え，大切に「有田」のブランドを守りながらクラスターを継続させようとしている。有田では19世紀から共同組合が存在しており，地元市民の出資をもとに有田工業高校の前身となる職人養成学校（勉脩学舎）を設立し，有田陶器市（品評会）で技を競い合うなど，自助努力を重ねてきた。これに比べると，近代以降の景徳鎮の製品には見るものがなく，日本も景徳鎮よりはイギリスの陶

磁器やドイツのマイセンなどを競合としてみなすようになっている。手工芸品には，そこに携わる作者の人間が映し出される。景徳鎮の倣古品を制作する工場では，器用で優れた技術を持つ職人が流れ作業をおこなっているが，有田・柿右衛門の工房に見るような凛とした空気は存在せず，iPodで音楽を聴きながら分業の一部である単純作業をこなしている[96]。こうした作業からは，心に響くような作品は誕生しないだろう。このようにして制作される倣古品の一方で，学院派の作家が制作するのは市場のニーズからはかけ離れた創作芸術品である。美術工芸品には製品全体のバランスが最も重要だが，半製品を買い付け，これに流れ作業で絵付けするといったシステムが一般的であるために，分業を統括し完成品として手をかけて仕上げるといった作家が少なく，作品全体としての芸術性に欠けている。作品に心が込められていない。それでもこれまでは贈答用の高額製品が売れていたために，景徳鎮の大規模な陶磁器クラスターも何とか成り立っていたが，近年の官官接待禁止により芸術品の伸長も期待できない。陶瓷城に繰り広げられている安物の日用品も，いずれ中国の家庭でも飽和状態になるだろう。

　ビジネスの基本は市場創造であることを考えると，たとえ製品の多様性がクラスターの抱える人々の生計を支える道だとしても，現在のように作家が勝手に芸術品を制作し独自ルートで販売しているだけでは，現在の量産体制を吸収できるような市場創造にはつながらず，クラスターの存続は厳しいと考えられる。量産の食器や高級日用品について，景徳鎮がクラスターとして今後どのような販路を見いだし，市場を創造していくのかを明らかにしていかなければならない。そのためには，独立独歩の作家群ではなく，一大陶磁クラスターを再生させるビジネス・プロデューサーが必要となる。景徳鎮にこのようなプロデューサーが全くいないというわけではないが，未だ有効には機能していないようである。クラスターの新たな方向性を見出すことができれば，クラスター内で生計を立てる人々が将来路頭に迷う事なく，技術を活かした生産に従事していくことができるだろう。市場創造のためには，製品高度化に向かうクラスターの構築が不可欠である。集団から個が主体となって個性豊かに制作する時代となった今だからこそ，集団としてのクラスターによる集積の利点を活かし

た競争戦略を策定し，世界の一大陶磁産地として再生していく必要がある。今後の景徳鎮の製品高度化への復活に期待していきたい。

インタビューリスト

　景徳鎮市瓷局　副調査員　雷軍氏，副主査　叶逢春氏

　景徳鎮十大陶磁工場歴史博物館　館長　李勝利氏

　景徳鎮嘉加陶磁公司，株式会社華玉　社長　和高如勇氏

　景徳鎮光隆興業電子有限公司　工場長　森田氏

　景徳鎮陶瓷学院　教授　施弟氏，教授　劉海峰氏，教授　劉大志氏，客員教授　二十歩文雄氏

　景徳鎮民窯博物館　副館長　孫立新氏

　江西省海外旅行社　社長　宋小凡氏

　東方好友陶磁有限公司　副社長（副総経理）　徐莉氏

　江訓清氏（作家）

注

1　歴史的価値が高く現在も継続されている都市を保護する制度で，現在102の都市が指定を受けている。
2　17世紀に景徳鎮に来たフランスの宣教師がフランスに持ち帰り，後にフランス陶磁器会社が高嶺土をカオリンと命名し，世界中に広まっていった。
3　昌南 "Changnan" は中国の陶磁器製品を表すようになり，国の呼称 "China" の語源ともなった。
4　特殊な鉱石を絵付けの顔料とする下絵付け磁器の一種で，青色の文様が古典的な趣を顕す。
5　宋代の透かし彫り技術をもとに発展させたもので，磁器の中に透明な小さな孔が多数あり，光に透かして見ると一層美しい。
6　清代に発達した低温彩磁工芸の一種で，明末の五彩の技法を基礎に，琺瑯彩の制作技術を取り入れて創り出した。
7　高温顔色釉で，釉薬が変化して生じた珍しい窯変を指す。
8　詳しくは金沢（2002）92頁を参照されたい。
9　本章4節2項で詳述する。
10　明器（めいき），死者に添えて墓に納める装具の一種で，専用の器物。
11　大阪市立東洋陶磁美術館HP　出川哲郎「陶磁の歴史：中国陶磁の視点」，陸羽の『茶経』（761年頃）。
12　焼成で形が崩れるのを防ぐことができる。
13　陶瓷学院二十歩文雄客員教授によれば，「その逆の黒化粧の上に模様を施した製品もある。①白地黒花文，②黒地白花文ともいう」。
14　南宋時代に書かれた蒋祈『陶記』は，世界最古の陶磁器生産の専門書である。

15 宮内庁が浮梁地方における陶磁器製造監督事務所として浮梁窯局を設置し，宮中用品を納めるようになった。
16 2005年ロンドンのクリスティーズで，元代の青花磁器「鬼谷下山」がロンドンの古美術商により1,568万8,000ポンド（当時の為替レートで約31億円）落札される（『人民網日本語版』2005年7月15日）など，その歴史的価値が高く評価されている。
17 島田（2013），3頁。
18 トプカピ宮殿に代表される。
19 洪武2年（1369年）（『景徳鎮陶録』），洪武35年（1402年）（『江西大志』），宣徳元年（1426年）など諸説あり。
20 喩（2003）275頁によれば，1546年各省に焼成費用として銀11万両の徴収を追加したが，すぐに使いきったという。
21 明末期の資料「天工開物」によれば，カオリンの発掘から窯焚きまで72の作業工程に分かれていた。
22 鄱陽県に64名，余干県に36名（後にこの県は砂土夫の免除を府に告げ，許された），楽平県に38名，浮梁県に18名，万年県に7名，安仁県に10名，徳興県に17名いた（喩，前掲書，278頁。原典『江西大志・陶書』熊（収録）2000，175頁）。
23 特集 江西省・景徳鎮 変容する千年の焼き物の里（文：王浩）http://www.peoplechina.com.cn/maindoc/html/200406/teji-1.htm（2013.5.1参照）
24 窯数では，民窯では平均2～3，大規模でも5～6基だったが，官窯では初期に20基，ピーク時には58基まで拡大された（喩，前掲書，276頁）。
25 鉄分が少なく，マンガンを多く含んでいた。
26 「文様の輪郭を青花の細い線描きであらわし，いったん本焼きしたのち，上絵具を丁寧に塗り分けて焼き付けている。『斗・闘』と書かれるのは，緑を中心として他の色と闘う『競い合う』という意味。上絵（景徳鎮では粉彩と言う）の豆はグリーン（緑）を基調としている」（二十歩文雄氏）。
27 島田，前掲書，3頁。
28 宣徳時代は「青花は宣徳」といわれ，その作品の多くに「大明宣徳年製」の銘が入れられた。喩，前掲書，281頁。
29 大きく開いた口縁をもち，強く膨らんだ胴によく張った脚がついた器形。
30 釉里紅（ゆうりこう・ゆうりほん），「釉裏紅・裏と書く場合もある。釉薬の下・裏，稀には釉薬の上に描く場合もある」（二十歩文雄氏）。
31 徐廷弼，李廷禧が監陶官に任じられ，工場の修繕・整備，技術者の招聘，材料の調達などを進め，3年かけて再開した。1683年には臧応選と車爾徳が監陶官となり，宮廷所属の磁器職人劉源の貢献により成功した。
32 「江西巡撫の臧応選，郎廷極，そして内務府官僚の年希堯と唐英はそれぞれの時代を開いた。彼等の共通点は磁器生産に対する専門知識を有し，高い事業意識を持った官僚エリートであった」。喩，前掲書，280頁。
33 佐久間（1999），45頁。
34 景徳鎮十大陶磁工場歴史博物館館長　李勝利氏。
35 公有財産と私有財産を合併。
36 李勝利氏。
37 「私の体験では80年代，90年代を通して文革当時にメチャクチャになったあらゆる情報と体系が鄧小平の改革開放路線，南巡講話をきっかけに堰を切ったように復元され始め，たとえ其れが拝金主義の跋扈を招き玉石混交とはいえ大量の書籍が復刊，上梓されるに至ったことで春雨の地を潤すが如く国民の知への渇望を癒し，伝統への回帰を促した。」（景徳鎮小雅窯外事部長）。

38 鄧小平の政策により，現在では景徳鎮の国有工場は私有化，個人化されており，国有工場は工場長を置いて研究所として公司の組織を残すのみとなり，従業員は抱えていない。
39 喩，前掲書，284 頁。
40 同上，286 頁。
41 景徳鎮市瓷局，2011 年 12 月時点。
42 朝日新聞，2004.6.17 による。新華通信社，李翔华氏によれば，市民の 7 割が携わり，2,000 以上の陶磁製造工場がある。（2012.6.23）二十歩文雄氏によれば，人口は公称 157 万人，そのうち 20% が陶磁業関係者であり，20 万人に及ぶ。陶磁局によれば人口の 5 割が陶磁器関連業に携わる。
また，景徳鎮の陶磁器を扱う「ル・ノーブル」（本社：京都府長岡京市）によれば，製造工場 2 千社以上，人口 50 万人のうち約 10 万人が磁器関連の仕事に携わっている。
43 済龍 China Press，2013 年 1 月 21 日。
44 寺崎信「中国陶磁器産業の動向調査報告」佐賀窯業技術センター平成 23 年度研究報告
45 済龍 China Press，2013 年 1 月 21 日。
46 陶磁器産業発展のために設置された行政機関。
47 景徳鎮には絵具専門店や，土を扱う業者（約 10 社）もある。
48 済龍 China Press，2012 年 5 月 17 日。
49 特集　江西省・景徳鎮　変容する千年の焼き物の里（その 2）「新世紀に挑む現代の名工たち」
http://www.peoplechina.com.cn/maindoc/html/teji/200406/teji-2.htm（2013.4.2 参照）。
50 景徳鎮陶瓷学院の秦錫麟名誉院長の言葉。
特集　江西省・景徳鎮　変容する千年の焼き物の里（その 3）「中国陶磁器の魅力と景徳鎮の将来」
http://www.peoplechina.com.cn/maindoc/html/teji/200406/teji-3.htm（2013.5.2 参照）。
51 景徳鎮市瓷局。
52 箱のこと（こうばち，サヤ，エンゴロとも呼ばれる）。
53 上工夫，砂土夫と呼ばれた。
54 方（2004），99 頁。
55 同上，94 頁。
56 同上，94 頁。
57 同上，98 頁。
58 景徳鎮市瓷局。
59 同上
60 済龍 China Press，2012 年 10 月 19 日。
61 開幕式のみ入場券が必要となる。
62 Ceramic Fair, The 10th Fair Guide, p.11.
63 同上，pp.11-12.
64 応募数は国内 1700 点，海外 500 点で 41 カ国からの参加者があった。入選・受賞作品 160 点が展示されていた（二十歩文雄氏）。
65 中国では短大は 3 年制。
66 前述の広東省佛山には景徳鎮の卒業約 5,000 人が働いているという。
67 Studying in Jingdezhen ceramic Institute 2008 留学生用パンフレット。
68 2013 年現在，約 80 人。
69 東方好友陶磁有限公司　徐莉副社長。
70 秦錫麟名誉院長の言葉。
特集　江西省・景徳鎮　変容する千年の焼き物の里（その 3）「中国陶磁器の魅力と景徳鎮の将来」
http://www.peoplechina.com.cn/maindoc/html/teji/200406/teji-3.htm（2013.5.2 参照）。

71　伝統派の一部には陶瓷学院卒もいるが，イメージや風格が伝統的な作品は後者に属する。
72　民間にも，芸術品制作をする人々は存在する。
73　二十歩文雄氏。
74　徐莉氏。
75　特集　江西省・景徳鎮　変容する千年の焼き物の里（その3）「中国陶磁器の魅力と景徳鎮の将来」。
76　徐莉氏。
77　作家　江訓清氏。
78　同上。
79　景徳鎮嘉加陶磁公司和高如勇社長。
80　宋小凡氏。
81　景徳鎮陶磁学院美術学部副主任王安維氏の言葉。
　　http://www.peoplechina.com.cn/maindoc/html/teji/200406/teji-2.htm（2013.5.2 参照）。
82　和高如勇氏。
83　徐莉氏。
84　景徳鎮市瓷局。
85　二十歩文雄氏。
86　徐莉氏。
87　和高如勇氏。
88　徐莉氏。
89　同上。
90　Record China 2013 年 8 月 26 日　http://www.recordchina.co.jp/a75961.html
　　（2013.12.5 参照）。
91　日経ビジネス 2012 年 1 月 30 日号，16 頁。「中国で「美術品収集」が過熱」より。
92　ゆかしメディア，2010 年 10 月 24 日。
93　京都産業大学　李為教授。
94　同上。
95　徐莉氏。
96　昔は 12 歳から工房に入ったが，今は高校で専門学校に行く。

第4章

有田の陶磁器産業クラスター

1. はじめに

　本章では日本の代表的陶磁器産業クラスターである有田焼産地（本章では以下「有田」と呼ぶ）を取り上げる。日本においては佐賀県から長崎県にまたがる「肥前皿山地区」（有田，伊万里，三川内，波佐見）において，各地域ともに陶磁器を主産業としながら独自の特色をもって発展し，一般に有田焼の三大様式と呼ばれる「古伊万里」[1]「柿右衛門」「色鍋島」を確立していった。日本の磁器発祥の地である有田は，1610年代に磁器製造が始められ[2]て以来，その伝統が今日まで脈々と続いてきた産地である。

　前章でもその歴史を詳しく述べてきたように，陶磁器とは陶器と磁器の総称であり，陶器（つちもの）は粘土を主原料とし，約1,000～1,300度で焼くのに対し，磁器（いしもの）は磁石[3]を主原料とし約1,300～1,400度で焼くため，陶器よりも硬く，水を通さない性質がある。天然の磁石は世界的にも希少な資源であることから，磁器生産がおこなわれる場所は限定されてきた。有田では，中国・韓国から伝わってきた焼物技術に，素焼き，太い筆で面塗りをする濃み筆（だみふで）技法など有田で誕生した技術が加わり，これらの陶磁器は伊万里津（港）を通して輸出され，世界の王室や貴族にも好んで使用されるようになった。これら東アジアの陶磁器の影響を受けて例えばドイツではマイセン窯が誕生したが，マイセンが一工場で製造工程の全てがおこなわれるのとは異なり，有田では多くの中小企業が集積し，クラスター内に細分化された分業システムを構築しているのが特徴である。有田は，中国の景徳鎮や韓国の利川に並ぶ世界有数の歴史ある陶磁器クラスター[4]としても知られている。このよ

うに長い歴史を持つ有田ではあるが，近年の陶磁器産業は特にバブル景気崩壊後厳しい状況に置かれ模索状態が続いている。有田のような手工芸型地域産業クラスターの復興は，ものづくりを強みとしてきた我が国経済の地方創生にとっても喫緊の課題でもある。

陶磁器といっても産地によりその製造方法は多様である。有田ではバブル期には数万単位で，現在でも数百単位のロットでの量産を前提としているために「型」を使用するが，笠間や益子では型を使って生産する窯元はごく少数である。それ故に，有田では窯元とは別に，型づくりの専門業者も存在する。ちなみに，マイセンでは一つの注文でも型を作って生産している。生産ロットや分業体制に起因する窯元・商社・小売店間の役割分担も産地間での違いがあり，有田では後述するように窯元の数以上に産地問屋が存在しており，産地問屋はそれぞれの販売ルートを持っていることから，多くの窯元はものづくりに特化してきた。笠間や益子ではこうした産地問屋はほとんど存在しておらず，窯元や小売店がその機能を担っている。また，有田では型による量産と轆轤による作家のものづくりが混在している。

有田の陶磁器産業についての先行研究としては，佐賀県立九州陶磁文化館館長の大橋康二（1994, 2007 他）による古伊万里，柿右衛門などを中心とした近代陶磁器の流通に関する研究をはじめ，美術や貿易の視点から多くの研究がされてきた。地場産業として捉えた研究では，下平尾（1977, 1983 他）の産業構造に関する研究や，山田（2013a）の企業家志向の視点から捉えた有田と信楽の産地比較研究などがある。下平尾（1978）は「窯元」を有田の陶磁産業を生産者と問屋の関係に基づき，①大規模窯元（機械化による大規模生産，独自の販売ルート），②工芸美術品窯元（独自作風の高級品，独自の販売ルート），③その他（中小規模の窯元，販売は商社・直売業者に依存）という3つのタイプに分類している。こうした先行研究を参考にしつつ，本章では独自にヒアリングを重ねた調査結果をもとに，有田の産業クラスターの地理的特性についても明らかにしていきたい。

2. 有田の陶磁器産業の歴史

(1) 世界有数の高品質な原材料の産地

　有田の陶磁器の生産の発端は，1592年から1598年にかけての豊臣秀吉による朝鮮出兵（文禄・慶長の役）の際に，西日本の多くの大名たちが朝鮮半島から優秀な陶工たちを連れ帰ったことが契機となっている。文禄の役で連れてきた陶工たち[5]の技術により，肥前には唐津焼や黒牟田焼が始まり，肥前皿山の内山に位置する有田でも，陶器生産が中心の窯業が盛んになった。更に，肥前領主の鍋島直茂が慶長の役で連れ帰った朝鮮人陶工李参平が，1616年（元和2）に，現在の有田町泉山に磁石（泉山陶石と呼ばれる）を発見したことで，この地有田において日本で初めて磁器製造が可能となった。

　中国，韓国，有田以降に磁器が作られるようになった瀬戸，ヨーロッパでもいくつかの石を配合して磁土が作られるが，有田と1712年に発見された熊本・天草の磁石は，その石だけで磁器を製造することができるのが特徴である。泉山の磁石は天草の磁石に比べて粘り気が少なく，成形・焼成に難点があるという理由から，明治以降は泉山に代わって天草が主となり，泉山陶石は100年ほど使われず，現在は有田の95％が天草の磁石（天草陶石と呼ばれる）を使用している。この優れた磁石のために有田周辺には陶磁器産業の集積ができて，これまで400年もの間陶磁器製造が継承されてきた。

(2) 有田焼の"伝統"

　磁石の発見で磁器製造が急速に広まった有田では，長崎に出入りしていた商人より中国の赤絵の調合法を伝え聞いた酒井田喜三衛門（初代柿右衛門）が，試行錯誤の末に1640年代には赤絵付を成功させた[6]。更に，1670年代頃には濁し手と呼ばれる独特の乳白色の素地の上に，余白を十分に残しながら繊細な絵画的構図が描かれる独自の色絵磁器の技術が完成され[7]，柿右衛門様式と呼ばれるようになった。寛文年間（1661-1672年）には有田の皿山代官所が，

技術の流出防止と高品質な色絵磁器生産のためむやみな増産を防ぐために，赤絵屋と呼ばれる赤絵師を一カ所に集め，営業を認める名代札を授けた。赤絵屋は相続制で，特に赤絵の調合は嫡子相伝で秘密が守られ，赤絵付けを専業とする界隈は「赤絵町」と呼ばれるようになった[8]。17世紀後半には有田皿山には150軒前後の窯元[9]が設立されていたという。これらのやきものは寛永年間（1624－1643年）に既に関西方面に運ばれていたが，寛文年間（1655－1672年）には伊万里津に来ていた商人により「伊万里焼」として江戸・関東方面に広がっていった。更に国内の流通が盛んになると，伊万里焼は全国で使われるようになり，武士や公家ばかりでなく一般市民にも広がった。

　一方で江戸時代に佐賀鍋島藩が大川内山にある藩直営の御用窯で焼かせたのが，鍋島焼である。承応年間（1652－1654年）に有田の岩谷川内（現在の有田町）に御用窯がつくられ，寛文年間に大川内山に移り，延宝年間（1673－1680年）に鍋島藩窯として確立された（当時は「大川内御陶器」などと呼ばれていた）。ここでは青磁釉薬の原料となる岩石も採れ，険しい山に囲まれたこの地区は藩窯の技術流出を防ぐのに適していた。1730年頃には御細工31人体制（細工方11人，画工9人，捻細工4人，下働き7人）となり，1761年には有田皿山代官とは別に大川内皿山代官が置かれ，鍋島焼は1871（明治4）年に廃藩置県で鍋島藩窯がなくなるまで，将軍家への献上品や大名などへの贈答品として，約200年間藩直営窯で焼き続けられた[10]。鍋島焼はもともと市販を目的とするものではなく，日本で初めて磁器を作り上げた鍋島藩主が，自家用品として，皇室・将軍家への献上品，諸大名あての贈答品とするために，藩庁の指示により藩内の名工を抜擢して制作されたものであった。鍋島藩窯が大半を食器類の制作としており茶陶を顧みなかったこともあって，色鍋島の大きな染付高台皿の絵模様は，民窯の伊万里とは一線を画す，まさに藩窯ならではの大名道具として重厚な作調をもつ非凡な様式美を確立した。このように採算を度外視した独創的な特別仕様の陶磁器制作がおこなわれたために，一般に流通することのない希少なやきものが誕生していったのである。

　さらに有田焼の海外に向けた発展はオランダ東インド会社によるところが大きい。中国明王朝の滅亡により景徳鎮の陶磁生産量が減少したため，東インド

会社はヨーロッパ向け貿易用の陶磁器を他国に探し求めていた。磁器の生産が軌道に乗りつつあった 1650 年には，有田の陶磁器の輸出が開始される。海外市場の需要に応じた形や文様の磁器が大量に作られ，同時に国内向けの高級品も生産されていった[11]。柿右衛門様式が隆盛を極めた 17 世紀後半には，高品質の有田焼陶磁器が大量にヨーロッパに輸出されていった。17 世紀末頃には，金襴手（きんらんで）[12] と呼ばれる金彩をまじえた豪華絢爛な作品も製造されるようになった。この頃になると，中国でも清王朝下の景徳鎮に官窯が設置され，復興の兆しをみせるようになっていた。有田焼は，中国の景徳鎮の陶磁とともに西洋の王侯貴族たちを魅了し，マイセンなどの名窯を誕生させる礎となるなど，陶磁器産業に大きな影響を与えてきた。当時，有田焼は伊万里津（港）から積み出されていたことから，「伊万里」とも呼ばれてきた。このように「古伊万里」「柿右衛門」「鍋島」の三様式を有する有田焼は，競合景徳鎮との価格競争を展開するようになったが，徳川幕府の鎖国政策により，有田焼は貿易磁器競争からは敗退することになる。

　その結果，有田の磁器製品は国内の庶民階級へと普及が進み，有田では量産体制を敷くようになっていった。19 世紀はじめには「有田千軒」と呼ばれる町並みが形成されるほど栄えるようになったが，1828（文政 11）年に九州を襲った台風が有田を巻き込み，岩谷川内の窯元の素焼き窯の火が燃え広がった。有田は焼け野原となり，窯の大半が全焼して大打撃を受けたために，家や職を失った陶工たちが波佐見や三川内など周辺産地に移住したことが，かえって肥前皿山地区全体の磁器製造技術を高めることにもなったと言われている。その後 19 世紀半ばの幕末の頃には，有田焼は隆盛を取り戻し，パリ万博などへの出品もおこなわれるようになった。明治になると，ドイツ人化学者，ゴッドフリード・ワグネル（Gottfried Wagener）の貢献もあって，有田の磁器産業は近代化を進めていった。ワグネルは，磁器製造の過程で起こる現象に化学的な解釈を加え，コバルトを原料とした染付や石灰釉の利用などを提案した。更にヨーロッパで学んだ陶芸研究員の納富介次郎，川原忠次郎らにより，有田では窯積みの方法，石膏型による鋳込み成形など近代的手法が取り入れられた。このような過程を経て，有田では量産体制の構築とクラスター内の専門分業が進

められていったのである。

　このように，肥前磁器の中でも有田において17世紀はじめに朝鮮半島から伝わった技術をもとに生まれたのが伊万里焼といわれる染付磁器であり，その後伊万里焼から柿右衛門と呼ばれる華やかな色絵磁器が完成し，藩窯として鍋島焼が生まれた。こうした歴史を持つ有田は，陶磁器製造の"伝統"が一度も途絶えることなく続いてきた産地といえる。

(3) 伝統工芸士による伝統の継承

　高度な知識や技術を持ちながら有田の伝統を引き継ぐ窯元や作家たちは，現在の有田の陶磁器を代表する存在でもある。現在「伊万里・有田焼」の伝統工芸士[13]は90名[14]いるが，ここでは有田の伝統を担ってきた近年の代表的な作家を紹介しておきたい。

①十四代酒井田柿右衛門

　赤絵の創始者柿右衛門を継ぐ十四代酒井田柿右衛門（1934-2013）は，柿右衛門（濁手）の制作工程すべてに精通し，伝統的な色絵磁器の技法を保持すると評価されている。多摩美術大学日本画科を卒業し，2001年には，色絵磁器で重要無形文化財（人間国宝）に指定された。

　「原料には科学の力が加わり，道具もどんどん便利になっていますが，もちろんそれはそれで作品の幅が広がっていいものができる。でも私は昔ながらの原料や道具を用い，伝統の技を，責任を持って次の時代につなげていきたいんです。…有田本来の器の美しさは，日本人の美意識そのものですから」[15]と語る柿右衛門窯では，泉山陶石を使用している。窯内では数名の門弟を置きながら，凛とした空気の中で作業がおこなわれている。絵付けが製品の価値を創出していくが，土台の成形がしっかりしていないとその価値は生まれてこないと言う柿右衛門窯では，振り返ると，成形に力を入れていた窯元と絵付けを得意としてきた窯元が代々繰り返してきたと言う。現在も50名以上の従業員を抱えており作品を作り続けている。「今は柿右衛門は国内では購買者が少ないが，中国の富裕層には人気がある」[16]と言われるように，伝統窯の手法は海外で高

図表 4-1　柿右衛門窯

い評価を受けてきた。

②十四代今右衛門

17世紀後半，赤江町にて最も技術の優れた今泉今右衛門が鍋島藩の御用赤絵師として指名された。その色鍋島の伝統を伝える十四代今右衛門（1962-）は，武蔵野美術大学工芸工業デザイン学科を卒業し，国内外での陶芸展に出展し，日展をはじめ数々の受賞歴がある。2002年に14代を襲名し，色鍋島今右衛門技術保存会会長となった。

今右衛門は「素地がしっかりしていないと，上絵は映えません。素地の部分に，きっちりとした昔ながらの仕事がされていないとだめなんです。…化学成分が同じだからといって，同じ素地はできません。昔から，粘土はかなり長い期間寝かせたほうが粘りが出ていいとか，寝かせるときにも，藁など空気が通うようなもので覆うようにしないとだめだとか，昔の職人さんたちに聞いた話には，知恵があります。…実際，素地をつくる仕事のほうが人が多いですし，そこの手間がいちばんかかります」[17]と述べている。

有田については，「昔から男性が線描きをして，女性が面を塗る仕事です。線画のほうが力強さが必要で，しかも時間がかかる。こういう役割分担をすることで，女性は定時で帰り，男性は残業して帰って，ちょうど家庭がうまく廻るようになっている」[18]と，クラスターでの分業が構成員の生活をうまくまわ

してきたことを指摘する。

これまでに多くの展示会で受賞歴がある今右衛門は,「不思議と大量につくられたものというのは伝世品が少ないんですよ。少量つくられたものが残っている」[19]と語るが,「若いときは,アーティスト志向がなかったわけでもありません。しかし14代として襲名してから,"職人の仕事としての窯元"があったからこその自分の仕事だという,覚悟ができました。…いま感じているのは,むしろ代々続く仕事のありがたさです。というのも,一人の仕事で窯をつくろうと思うと,それだけで一生が終わってしまう。絵具の調合だって,轆轤だって,絵付だって,一人でできることには限界があります。しかし,それらが今右衛門にはきちんと残っている。技術を引き継いだ職人さんたちがいることで,それをもとにして次のことができることのありがたさを,いまひしひしと感じています」[20]と,アーティストというよりは,伝統を引き継ぐ存在としての自らの立ち位置を確認している。

③井上萬二（白磁）

1929年生まれ,1935年より第12代酒井田柿右衛門に師事し磁器製法,先代奥川忠衛門に師事し,磁器成形の轆轤技法,伝統的な白磁制作技法を習得。1995年に重要無形文化財（人間国宝）に認定された。

井上萬二によれば「伝統とは,古いものを模倣して伝えるのではなく,新しいものを創造して伝えていくこと。…作陶に必要なのは,作り技術と創造するセンス,それに打ち込む情熱と心。すべてが相まって,見る人に感動を与えるような作品が生み出されます。私自身,常にそういう気持ちを持ちながら,日々精進しています」[21]という。

④青木龍山

青木龍山（1926-2008）は有田町に生まれ,多摩美術大学日本画科を卒業した。横浜の高校での美術教諭を経て創作活動をはじめ,日展では芸術院賞も受賞し,2005年には文化勲章を受章した。

有田に戻って創作活動を続けた青木は生前,「代々やきものを生業とする家

に生まれ，幼い頃から土と共に育ってきました。工房で職人さんと触れあい，たくさんの教えを受けましたね。いたずらで土を投げたりすると，"そんなことをしたら罰があたる。土は米と同じばい，命ばい"と一喝されて。つまり有田は，そういう職人たちの魂がはいっているところなんです」[22]と述べている。

このように作家たちはそれぞれの哲学を持ちながら，有田の伝統の継承に取り組み創作活動をおこなっていることがわかる。有田では素地が手元に届くところまでは分業体制でおこなわれていく。このため伝統工芸士に轆轤成形の専門家は少なく，絵付けの専門家である。有田ではガス窯が主流ではあるが，小さな電気窯でも焼成は可能であり，絵付けの技術を持ち釉薬がかけられれば独立も可能である。もっとも「佐賀県には伝統工芸士に109名が認定されており，現在約91名[23]活躍しているが，三右衛門と言われる柿右衛門，今右衛門などは別として，伝統工芸士であっても，有田で作家として生活していくのは非常に厳しい」[24]という。「かつては職人から独立したケースも多かったが，近年では作家として自立することは稀」[25]である。作品の価格は作家自ら決めているが，バブル期に作家たちが価格をつりあげたことによる販売の落ち込みにも原因がある。一方で伝統窯の「柿右衛門や今右衛門は価格を上げなかった」[26]という。自らの立ち位置が環境によってぶれないことが，伝統を守るために重要であることがうかがえる。

3. 有田の社会構造

(1) 現状

有田町は九州の佐賀県西部に位置し，山に囲まれた面積は65.8km^2 人口20,837人[27]（7,721世帯）の小さな町[28]である。1995年の人口（22,818人）と比較すると約1割減少したものの，近年の人口は安定し世帯数も増加傾向にある。のどかな農村地帯だが，専業農家は71世帯[29]と少なく，主要産業は400年の歴史を持つ窯業で，2013年の陶磁器・同関連製品製造業の事業所は67,

図表 4-2　陶磁製品和食器出荷額の全国シェア

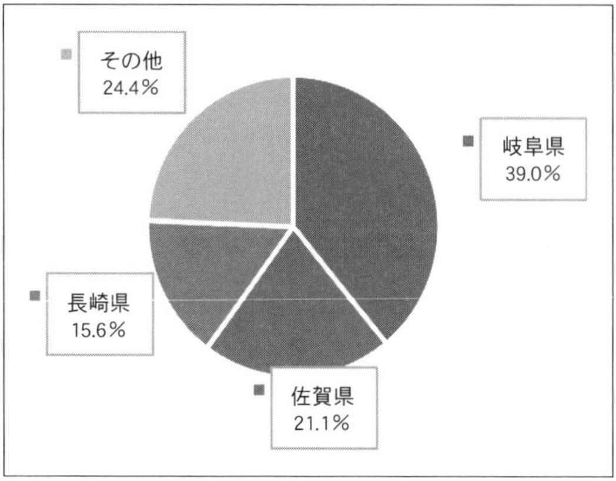

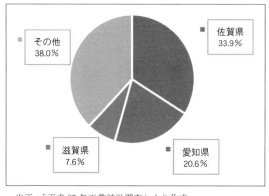

- その他　24.4%
- 岐阜県　39.0%
- 長崎県　15.6%
- 佐賀県　21.1%

出所：「平成 25 年工業統計調査」より作成。

図表 4-3　陶磁器置物の全国シェア

- その他　38.0%
- 佐賀県　33.9%
- 滋賀県　7.6%
- 愛知県　20.6%

出所：「平成 25 年工業統計調査」より作成。

出荷額 86 億 2,241 万円と，有田町の全産業出荷額の 31.8%[30] を占めている。佐賀県全体では，陶磁器製和食器の出荷額では全国第 2 位，陶磁器製置物では全国第 1 位となっている[31]（図表 4-2，4-3）。

　2010 年に実施した佐賀県でのヒアリング調査によれば，「有田は一般家庭用ではなく，料亭やホテルなどの業務用食器をメインとしてきた産地で，バブル

図表 4-4　有田焼の共販売上高推移

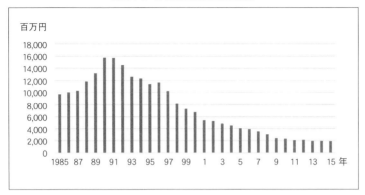

出所：財務省福岡財務支局佐賀財務事務所資料より作成。

図表 4-5　有田町陶磁器関係販売額・従業員数推移

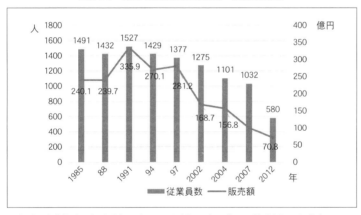

出所：商業統計調査（平成 23 年および平成 27 年　有田町統計書）より作成。
商業統計調査は 2009 年に調査を中止し，2012 年に経済センサス―活動調査にて調査を実施した。2007 年の販売額は非公開。

期には高級料亭が中心だったが，1991 年の 249 億円をピークにバブル崩壊後は毎年落ち込んでおり，2010 年度では約 54 億円と約 5 分の 1 に減少した[32]。1996 年に「炎の万博」を開催したことで一時的に回復を見せたものの，有田は業務用食器中心であるため，料亭・旅館・ホテルといった大口需要がなく

図表 4-6 有田町の陶磁器・同関連製品製造業

区分	2007 年			2013 年		
	事業所数	従業員数（人）	出荷額（万円）	事業所数	従業員数（人）	出荷額（万円）
食卓用・厨房用陶磁器製造業	58	998	785,198	45	678	543,301
陶磁器製置物製造業	18	220	180,257	11	121	100,296
電気用陶磁器製造業	3	150	108,872	3	134	115,272
理化学用・工業用陶磁器製造業	2	67	×	2	59	×
陶磁器製タイル製造業	2	12	×	1	4	×
（陶磁器絵付業）	5	27	7,023			
陶磁器用はい土製造業	2	13	×	3	20	13,762
その他の陶磁器・同関連製品製造業	5	31	15,042	2	17	×
合計	94	1,518	1,215,122	67	1,033	862,241

出所：工業統計調査（平成 22 年および平成 27 年有田町統計書）。
事業所数は，各年 12 月 31 日現在，従業者数 4 人以上の事業所のみ。

なったことが，国内需要低迷の一番の原因であると思われる」[33] というが，図表 4-4, 4-5 をみてもわかるように，有田の陶磁業の現状は更に衰退していることがうかがえる。有田焼の共販売上高[34]は 1990 年の 157 億 8,700 万円に対し，2015 年は 19 億 5,000 万円であった。有田町の陶磁器関係販売商店数もピークの 305（1997 年）に比較すると 156（2012 年）と半減している[35]。旅館やホテルも，部屋食や配膳からバイキング，ビュッフェ形式に移行してきたために，有田の得意とする絵付けのある和食器よりは，白くて丸い洋皿といった需要が高まり，有田の産地を侵食してきた。これらの洋皿はノリタケやナルミといったメーカーを中心に中京地区で大量生産されているものが使用されることが多いが，大量生産の中京地区も海外の低価格輸入品の影響を受けている。

ヒアリング調査によれば「窯元（メーカー）は 150，作家を入れると 200，販社は 200，うち産地問屋の組合加盟が 180 である」[36]。有田町統計によれば 2013 年実績で，窯業・土石製品製造業の事業所数は 71，従業者数 1,085 人，

出荷額は93億8,747万円であった。

そのうち陶磁器・同関連製品製造業の内訳は図表4-6の通りである。

有田の強みとされてきた陶磁器絵付業を営む企業が統計項目から消失していることも，現在の有田の状況を物語っているといえよう。

(2) 有田の分業とネットワーク
①分業体制とクローズドな技術継承

有田の歴史を辿れば，鍋島藩主が中国から輸入した陶磁器を将軍家に献上していたが，明王朝の滅亡により中国陶磁器の輸入が途絶えてしまったために，有田の民窯から最高の技術を持つ陶工たちを岩谷川内藩窯に集めて，献上用に肥前産磁器の開発を始めた経緯がある。鍋島藩では技術の流出を恐れて，陶工たちの出入りを禁止し厳重に管理していた。特に赤絵の秘法が他藩に漏れるのを防ぐために，藩では家督相続法を作り，一子相伝の秘法として保護されてきた。「皿山代官の記録によれば，赤絵町から赤絵顔料を大川内山に取り寄せ，赤絵町の画工でなく藩窯の画工が描き，これを赤絵町に運び，その錦窯で焼成し，再び大川内山に持ち帰るという方法が取られていた」[37]という。藩窯においても，赤絵顔料の自由な使用と錦窯は許されないほど，その管理は厳しいものだった。鍋島藩窯が御用窯となり，18世紀末の献上磁器の終焉まで，洗練されたデザインと最高の技術を持つ鍋島の採算を度外視した制作は続けられた。

このように外界から隔離され，職人は一生外に出ることがなく，外部からも人が入ることとは稀だという極めて閉鎖的な社会の中で，有田の技術は守られていった。1871年の廃藩置県により長い歴史を持つ皿山代官所も閉鎖され，皿山地区の陶業は代官所による窯焼業，赤絵屋業の許可制も廃止され，自由に営業ができるようになった。しかし，技術を他に出さない閉鎖的な風土は，今も有田に根付いている。

有田の陶磁器生産は，「ずっと以前，天草陶石が入ってきた頃には完全な分業体制が構築されていた」[38]と言われるように，採石，陶土，型業，素地業，窯元の分業により一つの業態として成り立っている。400年続いてきた陶磁器産業だが，有田の陶磁器生産の伝統を支えてきたのは，優れた熟練工の存在に

よるところが大きい。磁器の工程には，①磁土練り，②轆轤（ろくろ）成形，③素焼き，④下絵（線画），⑤下絵（面塗り），⑥釉薬，⑦本焼き，⑧上絵（赤絵）線画，⑨上絵（色塗り），⑩赤絵窯があるが，それぞれの工程で専門の職人たちが携わっている。現在では多品種少量化が進んできたことから，以前に比べ一人の人が担当する範囲が広くならざるを得ないというが，それでも分業の一工程に特化するのが基本である[39]。これらの職人は現在では県立有田工業高校と佐賀大学（元有田窯業大学校）を通じて育成されている。特に型や生地の専業業者の減少から，型作りや生地づくりの技術継承が難しくなっており，外注していた型や生地を各窯元で内製していこうという動きも見受けられる[40]。十数社あったという熊本県天草での採石企業も，今では3社しか残っていないが，この「天草の石を使って，一旦有田で（成形まで）して，波佐見の絵付けなど色々な場所で分業して絵付けをしたものが，有田の商社に戻ってくる」[41]という流れで，有田焼としてのブランドが構築されてきた。

②業界団体

有田の周辺には陶磁器の産地が集積しているが，以前は肥前窯業圏というくくりで産地が形成されていたために，長崎県と佐賀県の境がなく，長崎県（波佐見焼，三川内焼）の陶磁器も全て有田，伊万里という名前で出荷されていた経緯がある。

図表4-7に見るように有田周辺には佐賀県内だけでも業界団体が多数存在している。有田焼直売協同組合は旅館やホテルへのルートセールスに関わる団体の組合で，他の組合との重複はほとんどないが，肥前陶磁器商工協同組合には165の窯元が所属しており，うちメーカーが90で[42]，佐賀県陶磁器工業協同組合とは構成メンバーも重複している。このように組合が複数あり代表者も様々で，その思惑も異なることで，産地を一つにまとめることが難しい状況になっている。例えば商社は「有田焼というブランド・バリューを使って市場で売れればよいと取り扱うケースもある」[43]ことから，ブランド管理が曖昧となり，赤札商品として波佐見焼（有田に量産施設を持つ）も有田焼として市場に大量に流通しているため，高級料亭からは「有田焼＝赤札商品」といったイメージ

3. 有田の社会構造　97

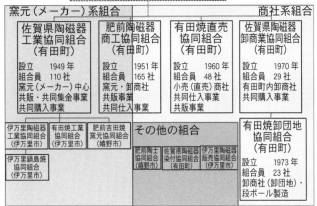

図表 4-7　有田焼に関連する協同同組合

出所：佐賀県資料より作成

が持たれてしまっている。

　経済産業省の伝統工芸品の指定として，伊万里・有田焼という登録はおこなっており，製法・製造される地域を指定してはいるが，有田焼についての明確な規定はないのが実情である。特許庁の商標登録については，デザイン化されたマークと有田焼という文字をセットで商標登録しているが，有田焼という地域団体商標については，商社の思惑もあり，複数に絡み合う組合の同意が得られていない。形状やデザインについては意匠登録という方法があるが，少し大きさを変えただけで認められてしまうなど意匠登録の有効性が発揮されず，登録しても作り手のメリットが少ないことから進んでいない。

　特徴的なのは，肥前陶磁器商工協同組合では集金手数料などを取る金融業務もおこなっている点である。従来，産地での集金業務をおこなう共販事業は産地問屋が管理すべきものだが，有田では窯元も参加して構成される組合で管理している。これには有田焼の取引先数が多く，消費地から遠方だということが背景にある。「他の産地は窯元が下請的なところが強く，問屋がリスクを負い商品企画をするのに対し，有田では共販制度があるために，窯元，メーカーの

市民権が強い。商業者，工業者も切磋琢磨して市民権を取ってきたという構図である。市民権というのは完全に下請ではないということで，これが産地のパワーになっている」[44]という。しかし，同時に共販システムは甘えの構造も作りだしてきたことになる。

(3) 陶磁政策
①概要

　有田の陶磁器産業の振興ついては，行政では佐賀県と有田町が支援している。

　佐賀県では，商工課，新エネルギー・産業振興課，有田窯業大学校にて伝統地場産業の振興を図ってきた。政策としては，「産地ならではの高い技術・デザインなどを活用した新製品の開発と海外を含む販路拡大や産地ブランドの確立につながる情報発信などの取組を支援」し，窯業大学校では「時代の変化に対応したものづくりが行える企画力や造形感覚（デザイン）を身につけた，将来の窯業界を担うことができる人材を育成」することで，落ち込んだ有田焼の売上高に歯止めをかけることを目的としている。2013年からは，①市場開拓，②産業基盤整備，③情報発信を柱とした「有田焼創業400年事業」に取り組んできた。特に，市場開拓の側面では，海外市場の開拓にも力を入れており，フランス・パリで開催される国際見本市「メゾン・ド・オブジェ」への出展や，ミラノ国際博覧会への催事参加をはじめ，パリでのマーケティング・リサーチや，海外市場向けの業務用食器の開発による見本市，トップシェフが集う外食産業見本市などへの出展も実施している。

　また有田町でも，有田町役場商工観光課において，有田焼の復興を目指して2016年の「日本磁器誕生400年記念祭」に向けて，有田焼世界ブランド化事業，有田町文化観光価値形成事業を中心に推進活動をおこなってきた。

　九州各地の陶磁器を展示した佐賀県立九州陶磁文化館，世界の名品を展示する美術館と食と器，酒をテーマとした観光施設の有田ポーセリンパーク，25軒のショッピングモールが集まる有田陶磁の里プラザ（有田焼団地）などがあるが，泉山磁石場や天狗谷窯跡，白川釉石採掘所などを記念公園とし世界遺産への登録を目指す「磁器発祥記念公園化」事業，「芸術工科大学」創立事業，「九

州陶磁文化館」の進化事業に取り組み，有機的なネットワークの構築を目指している。

②佐賀県窯業技術センター

佐賀県窯業技術センターは，① 研究開発機能の強化，② 地域窯業界との連携強化，③ 新分野製品開発のための企画機能の強化，を目的に産官連携組織として 1992 年に設立された。1928 年に設立された佐賀県窯業試験場を前身とする。所内は陶磁器部，ファインセラミックス部に分かれ，計 24 名（うち嘱託 4 名）の組織である。技術情報の提供をはじめ，企業への長期的な技術指導や共同研究もおこなっている。

先端機器の開放や技術指導によるデジタルデザイン技術の普及，新たな陶土の開発など地域窯業者の経営革新を支援しており，日本発の「陶磁器 3D ダイレクトプリントアウト（C3DPO）[45]」技術を開発中であり，型を用いない 3D プリンターによる直接造形の製造技術により，政策プロセスの短縮化および低コスト化の実現による生産効率化，デザイン性に優れた製品開発やオーダーメイドなどへの対応など，商品開発力の強化も期待されている。

③佐賀県立有田窯業大学校（現佐賀大学芸術地域デザイン学部）

2016 年 4 月に佐賀大学が文化教育学部を改組し，佐賀県立有田窯業大学校を統合させ「芸術地域デザイン学部」を発足させたが，立ち上げたばかりで実績評価が困難であることから，ここではこれまで地元の陶磁業の人材育成に尽力してきた佐賀県立有田窯業大学校について紹介しておく。佐賀県立有田窯業大学校は，1985 年に窯業の後継者・技術者育成を目的とした専修学校として設立された。当初は 2 年制（成形技法コース，装飾技法コース）であったが，2009 年に 4 年制（伝統コース，プロダクトコース，造形コース）を新設し，轆轤，絵付けを学ぶ一般課程や短期研修も整備してきた。大学校では十四代酒井田柿右衛門（色絵磁器）が校長を務め，人間国宝の井上萬二（白磁），中島宏（青磁）のほか，十四代今泉今右衛門，十四代中里太郎右衛門などが特別講師となって後進の指導にあたってきた経緯がある。

図表 4-8　有田陶器市来場者数推移

年	累計（万人）
2003	132
2004	103
2005	109
2006	112
2007	105
2008	110
2009	113
2010	110
2011	119
2012	131
2013	137
2014	124
2015	121
2016	120

出所：有田商工会議所，有田町資料により作成。

④佐賀県立有田工業高等学校

　1881年に設立された窯業技術者養成機関「勉修学舎」を前身とし，1900（明治33）年に佐賀県立工業学校有田分校として設立され，1903年には図案科，陶画科，模型科，製品科，陶業科を有する佐賀県立有田工業高等学校となった。現在はセラミック科（1994年に窯業科をセラミック科と改称），デザイン科，電気科，機械科の4学科がある。これまでに1万4,000名以上の技能者を創出している。

　このように，古い歴史を持つ工業高校と，より専門的教育機関である大学校の設立は，地元人材の育成に大きく貢献してきた。「仕事がなくなると有田の人は自殺するが，波佐見では夜逃げする」[46]と例えられるというが，これは，それだけ有田の職人たちは陶磁器製造の職にプライドを持っている証ともいえる。

⑤有田陶器市

　有田商工会議所では毎年ゴールデンウィークに陶器市を主催しており，100万人以上のやきものファンが全国各地から訪れる（図表4-8参照）。600店以上が出店される有田陶器市は，有田市の大きな観光資源ともなっている。有田では，1896（明治29）年に陶磁器品評会が開かれ，1915（大正4）年の品評会の際に等外品の蔵さらえ大売出しをしたのが，この陶器市の起源となっている。有田焼生誕400周年を迎えた第113回有田陶器市（2016年4月29日－5月5日）には約120万人が来場している。また同時期に，これまで有田焼の分業の一端を担ってきた波佐見で波佐見陶器まつりも開催されるようになった。30店舗程度の小規模から始まったこの波佐見陶器まつりも，2016年には約150の店舗が参加し，30万人以上が来場する一大イベントとなっている。

(4) 有田陶磁器のマーケティング・ミックス

　次に，有田焼について分業体制により生産される製品について，詳細をみていきたい。

①製品

　有田の製品は，業務用食器が中心で少量多品種が特徴でもある。ウェッジウッドをはじめとした欧州の陶磁器は，宮廷などでの大人数のディナー・パーティ用に作られるため，全く同じ絵柄・大きさの食器が大量に必要なのに対し，日本で必要とされる食器は家庭用か，業務用であってもロットは小さく，形も多様なことが特徴である。小ロットによる幅広い製品の生産は，クラスター内に多くの企業が存続するための必要な条件でもあり，クラスター内での協調関係を保っている。しかし同時に生産性の低さから，半製品を他産地から仕入れるといった方法も採用しているために，有田の製品の特徴が曖昧になっている側面もある。

　クラスターとしての現状が正確に把握されているわけではないものの，需要の変化により，「以前は業務用と一般用の割合が8対2程度だったものが，今は5対5，産地の販社では逆に一般用食器が多くなったのではないか」[47]とい

う。一般用食器の割合の増加には，クラスター内の複数の窯元が参加した「究極のラーメン鉢」「匠の蔵シリーズ」といった企画商品が好調だったことにも起因している。「一つ一つの企業体が家内工業的で，新しいことにチャレンジする体力がない」[48]と指摘される窯元たちだが，これらの企画を通してようやく横のネットワークを見せるようになった。年2回の作家も入れた展示会は，窯元にとってもピアレビューの重要な機会となっている。このように有田では産地の商社・小売店が中心となって，生き残りをかけ，現代の消費者のライフスタイルに合った新たな陶磁器の開発の動きも生まれている。また，佐賀ダンボール商会の「有田万華鏡」や「有田焼万年筆」，福泉窯の「だしポット」や畑萬陶苑の「伊萬里香水瓶」など，危機感をもつ中小の窯元も食器以外の実用品の開発に乗り出している。

　一方で，規模的にも他の零細窯元とは一線を画す大手窯元は，商売面でも技術面でもクラスターに影響を与える立場であることから，ここでは歴史ある二社として香蘭社と深川製磁について紹介しておきたい。

　香蘭社は1875（明治8）年に合本組織香蘭社として創業し，1879年には香蘭合名会社が，有田焼の技術を生かして磁器製絶縁がいしを製造した深川栄左ヱ門（8代目）らにより設立された。ロシアや中国に磁器碍子（がいし）を輸出していたが，終戦とともに海外での営業拠点を失い経営を縮小した。現在は高級陶磁器（60％），碍子（30％），ファインセラミックス（10％）[49]を主力製品とする。売上高は約34億円で，2012年5月現在で従業員は360名，美術品，碍子，セラミックスは有田町に工場があるが，陶磁器は岐阜県多治見市に置いている。主要都市に美術品事業部，ショールームを置くほか，全国のアウトレットモールにも出店している。

　深川製磁は，香蘭社の創設者深川栄左ヱ門の二男である深川忠次により，1894（明治27）年に有田町に創業された。1910年から宮内省御用達となり，1949年には福岡証券取引所に上場したが，株式時価総額が落ち込み2007年に上場廃止となった。2008年3月期の売上高は連結で19億1,565万円，従業員147名で飲食用の陶磁器を中心に製造している。有田と西有田に工場を持ち，西有田工場に隣接するチャイナ・オン・ザ・パークの敷地内には自社の食器を

3. 有田の社会構造　103

図表 4-9　深川製磁の製品

使用したレストランも開いている。札幌，仙台，東京，大阪，博多，ミラノなどに直営店を持つ。

　これら大手企業においても「大量消費の時代ではなくなったために，分業から内製化へとシフトしている」[50]という。「たくさん売れた時代には，深川製磁とか香蘭社も，中京地区から素地，半製品を仕入れて，絵付けは有田でやって市場に流すというやり方をされておりましたけれど。いま，やはり，これだけ冷え込んできますと，もう自社でやったほうが，どんどん，経営価値が出てきますよね。いまは，もう自社でされているという状況ですね」[51]というように，有田の大手企業にとっては，有田という陶磁器クラスターの存続や将来の発展というよりも，自社の生き残りが喫緊の課題となっている。このため，クラスターを牽引するといったリーダーシップはもはや十分に発揮されていないように見受けられる。

　陶磁器市場の低迷から関連産業への移行の可能性も考えられなくはないが，「岩尾磁器工業などはセラミック製造をおこなっているが，（クラスター全体が）そちらにシフトしていくということもない」[52]のが現状である。

②価格
　有田は手描きの絵付けを強みとして，少し高級な業務用の製品群を主力製品

としていたため，製品は少し高めの価格帯に設定されてきた。しかし業務需要が減少する中で開拓してきた個人需要においても，他産地や外国製の食器も品質を上げながら低価格で大量に販売されてきているために，有田ならではの良さをアピールすることが難しくなっており，少し高めの価格設定では売れにくいのが現状である。波佐見など下請け産地の製品が「有田」として売られてきた歴史的経緯からも有田製品は他産地との差別化が難しく，また有田の強みとされてきた絵付け製品も国内では人気が振るわない。このような状況のため，窯出し価格についても「昔は3割と言われていたが，今では2割5分程度」[53]となり，産地問屋は1年分の売上に相当するような在庫を抱えている。分業体制がかえってクラスターのマイナス要因ともなっている。

③流通

　有田で生産された陶磁製品販売の流通ルートは図表4-10に示す通りである。最も一般的なのは産地問屋，消費地問屋を通じてデパートや専門店に卸すケースだが，有田では旅館や料亭など業務用に直販する流通スタイルが全体の約7～8割を占めている[54]。また，大手の三右衛門などを中心とした芸術品を中心に独自ルートでデパートや専門店に卸すケースもある。有田では，直売業者が全国各地の旅館や料亭をまわって行商を続け，ルートを開拓してきた歴史がある。しかし近年の経済不況で旅館や料亭も廃業・効率化を進めるところが増えており，このルートでの新規得意先の開拓は難しい。「有田では，過去の歴史を見ても商社が全ての決定権を握っており，商品企画も商社である産地問屋がおこなってきた。窯元は産地問屋に製品を売ったところで完結してしまっていたために，窯元がエンドユーザーのニーズを全く把握していない点が一番の問題」[55]である。産地問屋や直販業者にルート開拓を任せてきた反面，「窯元は自分でルートを開拓できない」[56]といった圧力構造も存在する。

　製品のデザインを主導するのは産地問屋だが，商社はものづくりができるわけではない。このため，商社は他産地のサンプルやカタログを見せて窯元にリクエストするが，例えばそれが中京地区の配合した土ではなく天然素材ということで，技術的に不可能な場合もあるという。このような事実からも，これま

3. 有田の社会構造　　105

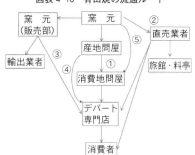

図表4-10　有田焼の流通ルート

①有田焼産地の最も一般的なケース
②直売業者の販売形態
③組合未加入企業や窯元の販売形態
　（柿右衛門，今右衛門など）
④⑤　最近の新しい販売形態（規模は小さい）

出所：下平尾（1977）49頁。

で産地問屋は市場のニーズを窯元に伝えるとともに，クラスターの技術向上にも影響を与えてきたことがわかる。直販業者は旅館や料亭のニーズを伝えてはきた。しかし，実際には業務用のニーズには定番商品が多くイノベーティブな製品を企画してきたわけではない。近年は，「手描きだから購入する。手描きだからよいという感覚がない」[57]傾向にあり，消費者側にも見る目が失われてきている。窯業技術センターにもデザイン部門があり，産地の窯元，産地問屋もデザインの指導を受ける機会が設けられているものの，長い歴史と伝統にこだわる有田焼は，伝統と革新の葛藤の中で市場の需要を喚起するような製品を生み出すことができていないのが現状である。

④広告・宣伝

　これまで有田では生産者は各生産工程にだけ集中し，一切の広告・宣伝などは商社に任せていたが，業務用食器の低迷で業界の存続も深刻になっていることから，産地発の広告や宣伝にも着手しようとしている。特に一般層に向けた食器については，400周年を契機にデパートなどで大規模な展示会を開催するなど，個人顧客の開拓に向けた有田焼ブランドの宣伝も繰り広げている。ま

図表 4-11 有田の産業クラスター

```
           ┌─────────────────────────────┐
           │   企業戦略および競争環境    │
           │        完全分業体制         │
           │       クローズドな技術      │
           │  地元の人材育成を目指した窯業学校 │
           │        少量多品種           │
           └─────────────────────────────┘
                        ↕
┌──────────────────┐         ┌──────────────────┐
│     要素条件     │         │     需要条件     │
│ 有田・伊万里の"伝統" │ ←→ │    旅館・料亭    │
│ 佐賀県立有田窯業大学校 │         │ 産地問屋を通じての注文 │
│    有田工業高校  │         │ (デパート・専門店) │
│  品質のよい原材料 │         │                  │
│    伝統工芸士    │         │                  │
└──────────────────┘         └──────────────────┘
                        ↕
           ┌─────────────────────────────┐
           │     関連産業・支援産業     │
           │    佐賀県窯業技術センター  │
           │ 佐賀県陶磁器工業協同組合・肥前陶磁器商工協同組合 │
           │ 有田焼直売協同組合・佐賀県陶磁器卸商業協同組合・有田焼卸団地協同組合 │
           │          陶器市            │
           └─────────────────────────────┘
```

出所：筆者作成。

た，有田陶器市の集客力はメディアでも取り上げられ，有田の風物詩ともなっている。近年では，食器と食の組み合わせなどにも工夫を重ね，食器の新しい提案やイメージを膨らませるような宣伝にも力を入れている。

(5) 有田のクラスター分析

以上のように，有田の陶磁器クラスターの現状についてダイヤモンド・モデルを使って分析したのが，図表 4-11 である。

①要素条件

かつては衰退する景徳鎮に代わって世界の王侯貴族に「伊万里」の名で陶磁器を提供し，その後も途切れることなく脈々と生産を続けてきた有田の「伝統」を土台としながら，分業体制の職人を育成すべく設立された有田工業高校や，更に高度な知識と技術を身につけることを目指した有田窯業学校により，地元の産業を支える人材は手厚く育成されてきた。もっとも，これらの県立の学校は基本的には地元の人材育成のための機関であり，卒業生の大半は地元の窯元や企業に就職していく。一方，有田で活躍する作家たちは東京の美術大学で日

本画やデザインを学んだ経歴を持つことが多いことがわかる。

「窯業大学校が伝統を継承していくための学校なのか，伝統を新たな一つの基軸としながら，革新して新しいものを継承していくものなのか，デザインを継承しながら伝統を作っていくものなのか，いろいろな形があるだろうが，有田窯業大学校は伝統という一つの切り口からで，新たなものを入れてはいない」[58]というが，伝統産業における技術継承と技術革新の両立は容易に実践されていくものではない。これは「伝統産業というのは，口伝のところもあるし，言葉とかより心で伝えるみたいなところも結構ある」[59]ためで，伝統技術の継承とは上辺だけの技術ではなく哲学そのものを受け継いでいくことから，新たなクラスターを担う人材を容易に育成ができるものではないことがわかる。しかし新たなクラスターの発展のためには，伝統技術の継承ばかりでなく新たな技術革新も必要となってくる。現在のところ，大学校の卒業生たちが地元の窯で独立して活躍するといった新たな力には結びついていない現状がある。

②*需要条件*

もともと有田は鍋島藩の贈答品のために作られた産地で，藩主がスポンサーとなっていたために，経費の心配をせずに自由に技術を発展させることができたが，その後は，旅館や料亭の注文ロットが大きい顧客を対象として製品群を充実させ，クラスターを発展させてきた。現在ではこうした業務用食器の需要低迷のために，一般顧客を対象とせざるを得なくなり，デパートや専門店での販売にも力を入れている。ただ需要の傾向は産地問屋が一括して把握していたために，産地の生産者にはニーズを発掘するノウハウが蓄積されていない。うつわに関しては茶の湯と関わりのある産地では，顧客の要求に合わせて製品の高度化を進めてきた経緯があるが，有田ではそのような需要には縁が薄かった。また高級食器では，国内製品よりもマイセンやヘレンドなど海外製品の人気が高い。もっともハイエンドのコレクターの嗜好が「古九谷」「柿右衛門」「色鍋島」などの骨董品にあることは，有田産地の強みにつながっている。

③企業の戦略，構造およびライバル間競争

　分業体制が確立しているため，業界内の各工程を請け負う企業の競争が激しいわけではないが，需要の低迷により，経営環境は悪化している。各工程の技術に関しては家族単位の零細企業が担っているが，技術のクラスター外への漏えいを防ぐために秘密主義が徹底されており，オープンなリソースを活用するといった工夫はしにくい環境でもある。完全分業のために，その工程がなくなると分業体制が成り立たなくなるといった理由から，かえって転廃業がしづらく，少量多品種生産のために生産性が低いのも特徴である。窯業専門の教育機関も充実しているが，職人は分業の各工程に特化しているために，同窓生などのネットワークを生かすような横の結びつきにはつながっていない。

④関連産業・支援産業

　関連産業としては，佐賀県窯業技術センターが大きな役割を果たしており，支援産業としては多くの業界団体が存在するのが特徴である。行政による技術支援については，日本発の「陶磁器3Dダイレクトプリントアウト」技術を開発するなど，産業の新たな方向性を示す技術開発も成功している。もっとも，職能別組合や地域別組合など陶磁器関連の組合が多数存在することが，クラスター内の利害関係を複雑にしている。このことが，クラスターを一つの方向性に向かわせる障害となっている。年に一度開催される有田陶器市は盛況で，全国から毎年10万人以上の来場がある。

4. 有田におけるイノベーション

　有田の現状を顧みると，有田の製品は実用品が中心であり，作家による芸術品とは明確な区別がされながら二極化していることがわかる。陶磁器産業クラスターとしての競争優位の構築は，これらの二極化を埋める商品の企画力に依るところが大きいことが指摘できる。

　日本ではもともと窯元は芸術品を扱うもので，茶の湯とともに発展してきた

歴史がある。茶の湯で顧客の鑑識眼が養われ，制作者に対しても高い水準の要求を持続させてきたために製品の品質も向上した。茶の湯を介して，製品の技術と顧客の鑑識眼の双方がスパイラルに磨かれてきたわけである。京焼など一部の産地は，少ないながらも継続的に存在してきた茶の湯のニーズがあるために，今でもクラスターを存続させることができている。一方で有田の陶磁器は，もともと茶の湯との関連性が薄いところで発展してきた。即ち，有田は御用達・貿易用の芸術品から一般向けの量産品へと拡大する中で，伝統的な芸術品か業務用をメインとした実用品のいずれかに分かれ，茶の湯で使う茶碗のような高級実用品は対象として製作されなかった経緯がある。日本料理は美しい器に盛り付けされるようになり，器も製品として売れることを想定して作られている。高い要求を持つ顧客が存在し続ければ，クラスターは存続していくことができるが，有田のターゲットとしてきた旅館や高級料亭などの需要は失われてきたため，有田では一層，芸術品か実用品かの二極化が進んでしまった。しかしクラスターを発展させるという側面からみると，最高峰の芸術品と安価な実用品を埋める中間層の製品は不可欠な存在であると言える。やきものの中でも，陶器がその形を重視するのに対し，磁器は飾りこみに集中し絵付けが評価されてきた。柿右衛門ばかりでなく，欧州の陶磁器代表格マイセンをみても，絵付けのウェイトが大きいことがわかる。もっとも有田がかつて得意としてきた絵付けも，今では転写（プリント）が主体となってしまっており，絵付けの技術は伝統的窯元か作家だけが受け継いでいる。それでは作家だけに技術の継承やクラスターの存続を頼っていてよいかというと，作家に市場を読み取るセンスが備わっているとは限らない。実際には芸術品ではなく実用を伴う器でないと，作り手は生活できないと考えたほうがよいだろう。このためにも，有田は高級実用品の市場をつかむ必要があると考えられる。比較的手の込んだ仕事ができる中間層の製品は，実際，職人の技を磨くために貴重な存在で，このような製品を手掛けることで，はじめて伝統を継承しつつ新たな技術開発に臨む人材を育成することができる。安価な量産品の生産ばかりに携わっていると，このようなマインドを持つ職人を育てることができないのである。クラスターの構成員全員が生活していくためには，それに見合う大きな市場が必要と

なる。そこで市場のニーズを読み取るセンスを持つプロデューサーが必要となる。

かつて登り窯があった時代には，窯元は分業化が進むクラスターにおけるビジネス・プロデューサー的存在で，分業の采配をするとともにリスクテイカーとしての機能も備えていた。しかし登り窯から電気窯・ガス窯となり，小ロットの制作が可能となったために，次々と窯元が誕生してきた。好景気と分業体制の中で，商売は商社任せで窯元はリスクを負わない，生産自体は下請に任せるといった役割に甘んじるようになり，窯元の本来の姿が失われてしまった。有田では産地問屋が資本力，組織力，信用力を組合に依存している構図となっており，集積には大資本もプロデュース力もない。不況の時には，他より全体でまとまっているので元気があるように見えるが，個の力は弱い。共販システムでリスクを分け合うことで，メーカーも商社も従属しない市民権を勝ち取ったと同時に，リスクを負ってこれを作るんだという先進的なイノベーションを起こす機能が弱くなった。直販業者はユーザーのニーズには近いが，旅館などは定番商品が多かった。一方で，メーカーも市場から見たものづくりができてこなかった。他の産地は問屋だけがリスクテイカーだったが，有田は問屋もリスクを負わない仕組みとなっている。「商業者が商品開発力を持っていれば，こうは悪くならなかった」[60]というが，デザイナーではなくビジネス・プロデューサーが存在するかどうかの問題で，そういう企画力のある産地に元気がある。

本書の研究枠組みの項でも述べた通り，ものづくりにおいてはメーカーとプロデューサーについては分けて捉えることが好ましい。自動車産業をはじめとして製造大手企業の多くはプロデューサーとしての機能を果たし，個々の部品製造については下請メーカーに委託している。こうした役割分担は，微妙なニュアンスが必要とされる楽器生産でもみられ，製品企画・製造設計と擦り合わせの部分だけを担っている。ものづくり企業ではプロデューサーがリスクテイカーであり，そのために利幅も大きい。一方で下請はリスクを取らない代わりに利幅も小さいことになる。近年の有田では，ロットの規模も取引先の範囲も縮小傾向にあり，年々利益を取りづらい構造となってきている。商社も見込

み発注をしにくくなった分，リスク負担機能が後退している[61]。そこで，有田は使い勝手という観点で差別化を図ろうとしているが，実際には技術に加えて市場を読み取るセンスが必要で，作家にそれができているかというと，そうでもない。有田には売れるものが何かを教える人がいない。「創業者がおらず，新規参入がない」[62]という現在の有田は，大資本，ビジネス・プロデューサーともに不在で，市場を汲み取るセンスとクラスターのコンセプトを考える人材が不足していると言える。

こうした産地の危機的状況を打破するために，2016年の有田焼400年を契機として，有田焼の新たな商品開発，リブランディング，クリエーターの育成を目指した「ARITA EPISODE2」の取り組みが官民一体となって進められている。例えば，新たなデザイン・アプローチの「1616/arita japan」（2012年開始）を前身とする「2016/Project」は，プロダクト・デザイナーの柳原照弘氏が中心となり，世界で活躍するデザイナーと16の窯元・商社の協働により，パリのメゾン・エ・オブジェ展示会でフランス料理のトップシェフに窯元自らがアピールするなど，積極的な海外発信をおこなっている。またメイド・イン・ジャパン・プロジェクト代表取締役の赤瀬浩成氏が率いる「ARITA Revitalizationプロジェクト」は，各窯元の強みを見直すリブランディングに取り組んでいる。こうした企画により，今後有田が世界に新たな市場を開拓できるかどうかが，産地の盛衰に大きく関わっている。

伝統産業の革新のポイントは，そこに「哲学」があるかどうかにかかっている。これは伝統というのは，決して上辺だけのものを指すのではなく，脈々と受け継がれながら確立されてきた哲学そのものだからである。心で伝える部分が大きいからこそ，容易には後継ぎが生まれてこないと同時に，新しい技術を取り入れることも考えながらよりよいものを作ろうという意識がない限り，クラスターは衰退してしまう。伝統技術の継承と革新は常に表裏一体であると考えるべきであろう。陶磁器産業では世界的にも有田のように400年もの長い年月をかけ伝統が脈々と続いてきた産地は少ない。同じものを作ることができる職人は，作家よりも価値が高いという見方もできる。その意味でも，有田の潜在的可能性は限りなく大きい。こうした可能性を生かすためにも，高度な技と

デザインセンスを備えたイノベーターが必要だと言える。まさに技術と感性の融合が求められている。

5. おわりに

　有田は分業体制の呪縛の中で，クラスターを存続させるための模索している。陶磁器は，伝統技術を継承しながら，個性豊かなアートとして付加価値を高めることができる製品分野だけに，この付加価値を理解してくれる市場をいかに創造していくかという点が産業クラスターの盛衰に密接な関係を持つ。このためにも，作家作品と普及品の中間層を狙う高級実用品の市場をいかに創り上げるかということが課題となる。この新たな市場の形成に重要な役割を果たすのが，ビジネス・プロデューサーの機能であると思われる。産地問屋の力が弱くなった現在，再び窯元にそのプロデューサーとしての手腕が問われている。「いいものを作っていれば，ぶり返します」[63]という言葉に期待したい。

インタビューリスト
　　有田焼卸団地協同組合　理事長　篠原照比古氏，専務理事　田代章次郎氏
　　有田町商工観光課　副課長　大串弘子氏，主査　旗島史郎氏
　　岩尾磁器工業株式会社　取締役　岩尾匡氏，部長　田中耕平氏
　　柿右衛門窯　十四代　酒井田柿右衛門氏，支配人　岩崎純二氏
　　株式会社　香蘭社　美術品事業部有田工場錦付課次長兼商品開発部次長　森
　　　啓輔氏，美術品事業部有田工場工場長　松尾茂樹氏
　　株式会社　賞美堂　社長　蒲池桃子氏
　　九州陶磁文化館　特別学芸顧問・元館長　大橋康二氏，館長　鈴田由紀夫氏
　　佐賀県農林水産商工本部　商工課地場産業振興担当主査　江副敏弘氏
　　佐賀県陶磁器工業協同組合　専務理事　百武龍太郎氏
　　佐賀県立有田窯業大学校　副校長　佛坂勝幸氏，教務部長　藤靖之氏
　　佐賀県立窯業技術センター　陶磁器部部長　寺崎信氏

肥前陶磁器商工協同組合　専務理事　山崎信二氏
深川製磁　代表取締役　深川一太氏，取締役本部長・工場長　深川泰氏，
本店管理本部総務部部長　山口幸助氏
有限会社　李荘窯業所　社長　寺内信二氏

注

1　当時の伊万里焼と現代の伊万里焼を区別するため，江戸時代に焼かれたものは「古伊万里」と呼ばれている。
2　日本陶磁器産業振興協会「洋食器100年の歴史」，通説では1616年（元和2年）とする（日本セラミックス協会，伊万里・有田焼，資料より）。
3　陶石ともいう。「石英粗面岩が熱水作用を受けて岩の中の長石などが粘土化し，鉄化合物が洗い流されたもの」（『増補やきもの事典』平凡社）で，磁器の原料となる。
4　陶磁器のクラスターでは磁器生産と陶器生産が混合しているために，本書では陶磁器クラスターと呼ぶことにする。
5　柿右衛門家古文書では高麗焼職人150人という。
6　有田焼の輸出港伊万里の商人東島徳左衛門が，長崎で中国人技術者からこの赤絵を作る方法を学び，それを有田の酒井田喜三右衛門に教えて作らせた（日本磁器誕生・有田焼創業400年事業実行委員会「有田陶磁史を歩く」22）。
7　柿右衛門窯資料「柿右衛門様式について」より。
8　香蘭社「赤絵町物語」より。
9　今右衛門「江戸期今泉今右衛門　有田磁器の創成と鍋島藩窯」。
10　伊万里市教育委員会，伊万里市役所資料より。
11　元禄頃（1688-1704）には京都でも質の高い製品として知られていた（根津美術館　コレクション展「伊万里・柿右衛門・鍋島―肥前磁器の華」2011年5月28日-7月3日パンフレットより）。
12　中国明朝後記の金襴手をモデルにしている。
13　「伝統的工芸品産業の振興に関する法律」に基づき指定された伝統的工芸品の製造に従事する技術者の中から，高度の技術・技法を保持する者を「伝統工芸士」として指定している。
14　2015年4月1日現在。
15　有田観光情報センター「有田スタイル」special interview vol.2, 9頁。
16　佐賀県陶磁器工業協同組合　百武専務。
17　みずほプレミアムクラブだより　2011.SPRING VOL.19, 13-15頁。
18　同上，16頁。
19　同上，17頁。
20　同上，17頁。
21　有田観光情報センター「有田スタイル」special interview vol.3, 9頁。
22　同上，vol.1, 7頁。
23　佐賀県立九州陶磁文化館学芸課資料（2011年9月29日）では，活躍しているのは「ろくろ部門」「下絵付け部門」「上絵付け部門」で合計85名。
24　佐賀県農林水産商工本部　商工課地場産業振興担当主査　江副敏弘氏。
25　同上。

26 佐賀県陶磁器工業協同組合　専務理事　百武龍太郎氏。
27 2014年10月1日現在。
28 2006年に有田町と西有田町が合併し有田町となった。
29 2015年有田町統計書。
30 2013年　有田町全出荷額271億円（「平成27年有田町統計書」による。）
31 2013年の工業統計調査によれば，和食器出荷額は岐阜県117億7,600万円，佐賀県63億5,700万円，長崎県46億9,300万円であった。
32 佐賀県政策カタログ2011。
33 江副敏弘氏，2010.12.13　年2回行われる財務省の統計・ヒアリング調査に基づく統計調査の集計による。
34 共販売上高は窯元が共販制度（窯元の商社に対する販売代金を，組合が代行集金する制度）を利用した売上高で，この制度を利用していない窯元もあり有田焼全体の売上高を示すものではない。
35 2015年有田町統計書。
36 江副敏弘氏。
37 栗田美術館資料より。
38 百武龍太郎氏。
39 日本政策金融公庫総合研究所（2012）「ものづくり基盤の革新」。
40 同上。
41 有田町役場。
42 肥前陶磁器商工協同組合　専務理事　山崎信二氏。
43 同上。
44 同上。
45 Ceramic 3D-Direct Print-Out, C3DPC技術を使って直接造形した生地は完全に磁器化しておらず，強度も不足しているため，実用段階に至っていない。
46 江副敏弘氏。
47 同上。
48 同上。
49 参考資料『企業ヒアリング調査結果』。
50 百武龍太郎氏。
51 江副敏弘氏。
52 同上。
53 同上。
54 百武龍太郎氏。
55 江副敏弘氏。
56 同上。
57 同上。
58 山崎信二氏。
59 同上。
60 同上。
61 日本政策金融公庫総合研究所（2012）「ものづくり基盤の革新」7-8頁。
62 山崎信二氏。
63 百武龍太郎氏。

第 5 章

クレモナのヴァイオリン産業クラスター

1. はじめに

　本章では，北イタリアのロンバルディア州に位置する小都市クレモナにおけるヴァイオリンの産業クラスターを見ていくことにする。クレモナには，かつてアマティやストラディヴァリといった名器を生み出したヴァイオリンづくりの歴史がある。1938年に国立のヴァイオリン製作学校が設立されて以来，ヴァイオリンづくりの町としての復興してきた。機械を使った量産のヴァイオリンと異なり，一人の職人による手作り楽器を特徴とする。

　16世紀後半から18世紀前半に至る間に，北イタリアの小都市クレモナでは，アマティ，ストラディヴァリ，グァルネリといったファミリーがヴァイオリン工房を設立し，その中で数々の名器が製作されてきた。当時のイタリアでは，ギルド制のもとで子が父の職業を継ぎ，血縁関係を中心とした技術継承がおこなわれていた。現存するこの時代のクレモナの楽器は，近日においても最高峰のヴァイオリンとして演奏家やコレクターに尊ばれている[1]。

　現在もクレモナはヴァイオリン製作のメッカとして位置づけられており，500人を超える製作者が「伝統的製造手法」を守る完全な手作業によるヴァイオリンを生産している。

　こうしたクレモナの手工芸的生産の一方で，産業革命以降には，ミッテンヴァルト（独），ミルクール（仏），日本・中国などのアジア諸国において，普及品大量生産のヴァイオリン製作が盛んとなり，低価格ながら品質を上げてヴァイオリンの市場を拡大してきた。これらの大量生産品に加え，近年ではヤマハなど総合楽器メーカーの参入で，工程分析により部分的な機械作業を導入

した高級品製作の試みもされている。

　クレモナの弦楽器製作については，音楽学の分野でこれまでシルバーマン（Silverman, 1957），ティントーリ（Tintori, 1971），製作者の立場からビソロッティ（Bissolotti, 2000）など，ストラディヴァリを始めとしたヴァイオリン工房の歴史について多数の研究がされてきた。これらの先行研究を踏まえ，本章ではクレモナのヴァイオリン産業クラスターについて考察していく。なお，本章の調査については一次資料，二次資料の広範な探索[2]に加え，少数の事例を対象とする詳細な定性的研究と，定量的研究を併用した。定量調査のための調査票の設計は，アランとメイヤー（Allen and Meyer, 1990）の組織コミットメントに関する研究，金井（1994）の企業家ネットワークに関する研究を参照しながら，独自に作成した。

2. イタリア・クレモナのヴァイオリンづくりの歴史

(1) ヴァイオリンの誕生

　ヴァイオリンという楽器の形態を最初に誕生させたのは，クレモナのアンドレア・アマティ（Andrea Amati 1505-1577）だと言われている。イタリア独自の伝統的な製法により繊細に美しく仕上げられたクレモナの楽器はオールド・ヴァイオリンと呼ばれ，現在に至るまで一流演奏家たちに愛用されている。この時代には，アマティ，ストラディヴァリ（Antonio Stradivai, 1644-1737），グァルネリ（Giusepp（Ⅱ）Guarneri, 1698-1744）などのファミリーがギルド制のもとで大きな工房を構成し，その中で分業による量産がおこなわれていた。「クレモナの栄光」と呼ばれるこのクレモナ黄金時代には，約1万本の楽器が製作されている[3]。

　当時のクレモナは，ミラノやヴェネツィアの統治下にありながらも自律性を持った文化都市であり，ヴェネツィアからミラノに物資を運ぶための港町として栄えていた。物資ばかりでなく港町には文化人の往来をもたらした。こうした地理的条件に加え，クレモナには音楽家モンテヴェルディが生まれ，音楽の

発達に伴い楽曲編成の規模が大きくなるに従って,弦楽器の普及も進んでいった。クレモナは美しく精巧な楽器へのこだわりをもって,競合するブレッシア[4]などの産地とは差別化を図っていた。カルメル会やイエズス会など修道会の宗教普及活動に伴って,楽器の産地としてのクレモナの名が広められ,宮廷楽団のために欧州各地の王侯貴族から大量に注文されるようになった。製作者は修道会からの経済的な保護を受けることで,財政面での基盤ができ,王侯貴族からの受注に対し最高の原材料を使って製作に専念することができた。ギルド制度の血縁関係を中心とした師弟制度は,ヴァイオリン製作の技術を丁寧に伝えていったが,同時にクレモナでは血縁を中心としながらも外部から弟子を取り,協調の中に競争原理を働かせたことが名器の誕生につながっていった。

クレモナで完成されたヴァイオリンの製作技術は,18世紀の初頭から後半にかけて,イタリアからヨーロッパ全土に広がっていった。しかしその一方で,都市の衰退と共に職人が減少し,暗黒の時代を迎えることになる。

(2) クレモナからイタリア各地へ

19世紀前半になると,トリノに卓越した職人プレッセンダ(Giovannni Francesco Pressenda 1777-1854)が出現したことを契機として,イタリアには再び優れた職人が増加するようになり,1890から1940年にかけてイタリア第2の隆盛期を迎えている。この時期の楽器はモダン・イタリーと呼ばれており,イタリア各地で250人を超す製作者が活躍した。もっとも,この時代のイタリアのヴァイオリン職人は大都市に分散しており,クレモナにはヴァイオリン職人はほとんど住んでいなかった。

産業革命以降には,ヨーロッパでは分業化による量産傾向が顕著となり,ヴァイオリンづくりも,伝統的な技術を守る優れた手工芸方式と大量生産方式に分かれることになった。その中で,イタリアは工業化された大量生産の楽器は作らないという方針を堅持してきた。

(3) クレモナの復活と世界の状況

大戦の混乱もあってクレモナではヴァイオリンづくりが途絶えてしまってい

第5章 クレモナのヴァイオリン産業クラスター

図表5-1 イタリア弦楽器製作の歴史的流れ

	クレモナの栄光					クレモナの復活	
ca1550	ca1660	ca1770	1820	ca1890	1945		2007
Andrea Amati Amati Family Niccolo Amati	Luthiers Bergonzi Family Guradagnini Family Guagliano Family Stradivari Family	Guadagnini Family Guagliano Family L. Storioni G. Ceruti V. Panormo	Pressenda Guadagnini Family Rocca Family Rinardi Family Ceruti Family Napoli School		Luthiers Guadagnini Family Pressenda School		Luthiers F. Bissolotti G. Morassi
	Golden Age ca1750	Blank i ca1780	Gradually increasing		Blank ii 1940	ca1965	
	Old Italian		Modern Italian			Contemporary	

出所：神田（1998），p.79を改変。

たが，イタリア系アメリカ人製作者サッコーニ（Simone Fernando Sacconi 1895–1973）が，独自にストラディヴァリの研究を進め，内枠式或いはクレモナ式と呼ばれる昔のクレモナのヴァイオリンの製作方法を取り戻すことに尽力していった。1937年にクレモナでストラディヴァリ没後200年祭がおこなわれたことを契機として，翌年には国家の地方産業振興政策により国立クレモナ国際ヴァイオリン製作学校（Scuola Internazionale di Liuteria di Cremona）が設立された。しかし学校が設立されたからといって，すぐにクレモナがヴァイオリンの産地として復活したわけではない。スイスの実業家スタウファー（Ernst Walter Stauffer 1887–1974）からのクレモナへの資金援助もあって，ようやく70年代になるとクレモナはヴァイオリン製作の町としての活気を取り戻すことができた。世界各国から集まったヴァイオリン職人を養成する一方で，現在ではヴァイオリン工房が集積し，一度途絶えてしまった技術を新たに創り上げ，インクリメンタルなイノベーションを繰り返しながら発展してきた結果，現在クレモナは世界随一のヴァイオリン産地として知られている。（図表5-1参照）。

こうした手作りによる楽器の一方で，普及品大量生産のヴァイオリンは，その中心をヨーロッパからアジア諸国に移してきた。中でも，日本の「鈴木バイ

オリン」による廉価で品質のよい練習用のヴァイオリンは好評を博してきたが，近年では中国の工場製品の品質も目覚しい進化を遂げており，分業による量産体制ながら手工芸によるヴァイオリンを世界に輸出している。こうした量産楽器もクレモナの新たな脅威となってきている。

3. クレモナの社会構造

(1) 現状

　現在，人口約7万人を有するクレモナ市には，約130のヴァイオリン製作工房が存在する。そこで働く製作者の数は，工房数を大きく上回り500人〜700人と言われている。クレモナの復興は行政にとっても重要な位置づけであり，クレモナ市では，500年の歴史をもつヴァイオリン製作の伝統を宣揚し，継承するために積極的な取り組みを展開してきた。まず，クレモナで製作を続けた巨匠ストラディヴァリの楽器，木型・工具などを展示するストラディヴァリ博物館を設立した。さらに，アマティやストラディヴァリに代表されるクレモナ黄金期の復活を期待して，先にあげた国立クレモナ国際ヴァイオリン製作学校が設立された。また，ヴァイオリン製作を奨励するために，トリエンナーレ (Concorso Triennale Internazionale deghi Strumenti ad Arco A. Stradivari) と呼ばれる展示会と製作者コンクールを開催している。トリエンナーレは，チャイコフスキー，ヴィニアフスキーと並ぶ弦楽器製作の3大コンクールの一つであるが，この中でも最も出品数が多く，製作者の登竜門となる重要なコンクールである。トリエンナーレの運営は，クレモナ市の他，県，商工会議所，スタウファー財団の財源が使われている。スタウファー財団は，スイスの事業家スタウファーがクレモナのヴァイオリン復興のために設立した財団で，6,000万ユーロの基金をもとに，トリエンナーレに寄付する他，クレモナのヴァイオリン製作学校でも学生に奨学金を提供している。2012年にクレモナのヴァイオリン製作技術がユネスコの無形文化遺産に認定されたことを受けて，ヴァイオリンコレクションとストラディヴァリ博物館が統合され，2013年に新たに

ヴァイオリン博物館（Museo del Violino）が設立された。ここでは，トリエンナーレの優勝作品も展示されている。

　ヴァイオリン製作の中核となっている国際ヴァイオリン製作学校は，その名の通り，設立当初から海外からの留学生にも広く門戸を広げてきた。その結果，クレモナには外国人のヴァイオリン製作者が増加すると同時に，近年では国外への技術流出も著しい。しかしこうした状況も，「外国人がたくさんいることは，クレモナで製作する意味があることを示している」[5]と比較的寛容に受け止められている。製作者の正確な数の把握は難しい[6]が，製作者としての登録リスト[7]から見ると，クレモナのヴァイオリン製作者のうちイタリア人は約40％（うちクレモナ出身者は20〜25％）で，外国人比率は約60％を占めている。

　ヴァイオリン業界では，世界的傾向として量産化が進展しているが，このような状況の中で，練習用の普及品とは異なる「手工品」にこだわり続ける職人（とりわけ，大量生産方式とは異なる「伝統的製造手法」を維持し，手作りによるヴァイオリン製作を続ける職人）が少なくない。こうした職人は，ロンドン，ニューヨーク，パリなどニーズがある世界各国の大都市に製作現場を分散する傾向にある。ところが，クレモナは，ヴァイオリン製作のメッカに位置づけるべく，工房を集中させ，積極的に，製作者ネットワークの構築を進めている。

　もちろん，ストラディヴァリが工房を構えた場所として名高い「クレモナ」という地名は，クレモナで製作する者にとり強力なブランドとして期待できる。幾世紀が過ぎた現代においても，聖地クレモナ製という「謳い文句」は，楽器販売における「付加価値」となり，ビジネスを有利に展開する強みの一つである。それゆえ，ヴァイオリン職人を魅了し，工房の集積を容易にしている側面もある。

(2) クレモナのマーケティング・ミックス

①製品

　クレモナのヴァイオリンは，一流プロの演奏家でもなく，初心者のアマチュ

図表 5-2 クレモナのヴァイオリン製作者（ピストーニ氏）

図表 5-3 ヴァイオリン工房のショーウィンドー

アでもないその中間層を対象としてきた。政策的な意図を背景とした戦後のクレモナの復活においては，ストラディヴァリ生誕の地という強みを活かしながら，クラスターの構築は製作学校に大きく委ねられてきた。もっとも，製作学校で伝授されるヴァイオリン製作の技法は，（空白の時代に消失してしまった）クレモナの黄金時代から伝わる製作方法ではなく，製作学校設立以来試行錯誤を重ねてきた結果生まれた「クレモナ様式」である。学校の設立当初は，教授陣にクレモナ出身の製作者はおらず，外国人が教えていた。製作学校では，その後，ビソロッティ（Francesco Bissolotti），モラッシ（Gio Batta Morassi），スコラーリ（Giorgio Scolari）といった現代の名マエストロたちを誕生させてきた。従って，現在クレモナで継承されている技術とは，製作学校を通して継承されてきた彼らの技術ということになる。

一般的にヴァイオリンを奏でるユーザーの演奏家にとっては，楽器は「音」が最も重要な要素である。このために，大きなコンサートホールで隅々までよく響くとされるオールド・イタリアンが好まれる傾向がある。一方でクレモナの製作者は，楽器製作にあたって「形より音が大事」[8]であると考えてはいるものの，製作者同士のピアレビューやマエストロから弟子に指摘されるのは，音ではなく形についてである。そこでは楽器が弾かれることはなく，基本的には形や見た目で判断される。ディーラーや楽器店が売りやすいような，見た目に美しい楽器が尊重されている。

よい楽器かどうかを判断するのは，聴衆なのか，演奏者なのか，ディーラー

や楽器店なのか，或いは製作者なのか議論も分かれるが，それぞれに異なる価値基準を持っている。聴衆は，コンサートでは必ず演奏者を通して楽器の音を聴くことになる。このため，聴衆自身が楽器の良し悪しを判断するのは容易ではないだろう。また，業者と演奏家では品質評価の基準も異なる。この品質評価の曖昧さこそが，クレモナのブランドを確立させる要因となってきた。製作学校は大量の製作者を輩出し，クレモナのヴァイオリンが数多く製作されるようになった。そこにディーラーや楽器店が入りこむことで，その楽器を音に敏感なプロの演奏家でもなく，廉価なヴァイオリンに甘んじるアマチュアでもない，「手頃な価格の，手作りの楽器が欲しい」中間層にうまく取り込むことに成功した。こうして，クレモナのヴァイオリン製作は一気に隆盛期となった。中間層を狙う競争者がいなかったからである。クレモナにはどこを探しても工房には在庫が見当たらない。展示品や試奏できる楽器すら置いていない。受注に生産が追い付かず，人気のある製作者の楽器は数年待ちの状況が続いている。世界中に楽器製作者は分散しているが，通常ヴァイオリン製作者は修理をしながら製作活動をおこなっており，製作者が製作のみで生計を立てられるのは，クレモナならではの特色でもある。こうした事実からも，クレモナでは良くも悪くも外部のディーラーや楽器店が製品高度化のためのビジネス・プロデューサーの機能を果たしてきたことがうかがえる。

②価格

楽器は演奏を通してその価値を評価されるという製品の特性からも，また演奏家は理想の音を求めてよりよい楽器を入手したがるといった特色からも，楽器には安定したニーズが存在し，その価格帯も幅広い。ハイエンドのオールド・イタリアンになると数億円以上で取引されているが，一方で中国製の量産品は1万円以下でも購入できる。クレモナでは，楽器の価格は基本的には自分で設定できる。プロの演奏家を相手とする少数のトップレベルの製作者は2万ユーロ（約230万円[9]）を超える高価格帯の楽器を製作しているものの，クラスターの中心は中間層を狙った製品群であるから，比較的手頃な価格がつけられている。1挺当たりの単価をみると，クレモナのヴァイオリンは80万円～

200万円程度の価格帯で販売されている。多くの製作者がクラスターに集まることで、作り手の経験や目指すところにより、多様な価格帯のヴァイオリンが生産されている。

③流通

外国人が多いクレモナでは、個々の製作者や工房が独自の複数の販売ルートを確保している。クレモナにはディーラーや楽器店が深く関与しているが、これらの業者の目的は商売であるから、「安く仕入れ高く売る、数多く売る」ことに尽きる。そして実際のところ、アマチュアの演奏者の多くは、自分の演奏技術では楽器の音を判断することが難しいため、楽器店などが勧める楽器をそのまま購入している。従ってディーラーや楽器店にとって売りやすい楽器としては、音よりも形や色、見栄えの方がより重要な要素となる。ディーラーや楽器店が深く関わってきた結果、クレモナの楽器が継続的に売れる状況を作り出すことができたが、一方で、製作者が音に対する鋭い感性を持つことの必要性を軽んじてきた側面も否めない。

④広告・宣伝

製品の売り込みは個々の工房に任されているが、クレモナの手作りヴァイオリンのブランド確立に対しては、商業的製作者組合のコンソルツィオが中心となって支援している。コンソルツィオは、3年に一度トリエンナーレを開催し、世界の製作者や業者を集めているほか、クレモナの名があまり知られていない国における未開拓市場への広報活動も積極的に展開している。「一人の製作者により製作された」ことを条件にクレモナ製楽器の証明書を発行するなど、横行する偽物を排除するための努力もおこなってはいるが、外国産の量産部品を持ち込んで組み立て、クレモナ産と称して販売する業者を完全に排除することは、実際には難しいようである。

(3) クレモナの製作者たちの意識

次に、クレモナ在住のヴァイオリン製作者への調査結果をもとに、クレモナ

のヴァイオリン産業クラスターにおいて技術の継承とイノベーションがどのように受け取られているのかについて分析した結果を紹介しておきたい。この調査はクレモナのヴァイオリン製作者70名を対象としたもので，国籍内訳はイタリア人29名（うちクレモナ出身者14名），その他の外国人15名，日本人26名である。調査結果の詳細については大木（2009）を参照されたい。

①伝統と製作学校

クレモナの製作者の大半は「伝統的手法」を守りたいと考えている。もっとも，クレモナの伝統としてクレモナらしさと言われる「クレモナ様式」については，統一的な見解が得られているわけではなく，正確な一つ一つの作業を通して実現する全体のバランス，雰囲気を指すものであって，その一つ一つの工程を指すものではない。クラスターの約9割が製作学校の卒業生であり，製作者たちがこうした正確な一つ一つの作業を学んだのは，製作学校である。先に述べたように，ストラディヴァリの時代の製作技術は一端途絶えてしまっているので，製作学校で教えられている技術が即ちクレモナの伝統的手法だと言い切ることはできないが，この事実に気づいていない製作者もいる。

ヴァイオリン製作は奥深く，製作者は自ら工房を構えるまでに少なくても5年程度はどこかの工房での修行を積むことが求められるため，製作学校は飽くまで「道具の使い方を教えるところ」[10]だと認識されている節もある。しかし少なくても製作学校の人脈は後のキャリアには役立っており，72.0％が学校で得た人脈には満足しているという結果が出ている。

②競争と協調

クレモナでは，製作者の86.4％が「クレモナには自分の楽器の出来を評価してくれる職人がいる」とし，72％が「職人の人脈は広い方」だと考えている。このことからも，クレモナでは製作者同士のピアレビューにより技術が磨かれている場となっていることがうかがえる。クレモナではコミュニティの信頼を基盤としてクラスターの形成がされており，製品幅を広げ，クラスター内の多くの製作者たちが生き残るという方法を望んでいることからも，協調関係が重

視されていることがわかる。従って，ライバルという意識は低く，同じ問題意識を持つ同僚として広い交友関係を持っている。一方で，競争についての意識は，少なくても表面上は極めて低い。多くの関係者が「クレモナは世界一」とクレモナの弦楽器製作の優位性を語っている。クレモナの製作学校で学んだ中国人が母国に帰国して以来，飛躍的に品質を上げたという中国における大量生産の現状についても，多少は意識するという程度で，それが現実の競合になるとは考えていない。或いは，工房という小さな世界で仕事と人生が完結しており，外部との情報交換についてあまり積極的ではない製作者も見受けられる。

③情報

製作者同士のピアレビューは非公式には日常的な工房の行き来などで頻繁におこなわれているが，コンソルツィオなどの専門家協会が設立されたことで，技術についての情報交換の場も公式に持たれるようになっている。「自分の同程度のレベルの問題意識を持つ製作者がほとんどいない」と職人らしいプライドを持つ製作者も多いが，そういう製作者ですら数人の同僚を見つけ，製作・販売面での情報交換はしているようである。

クレモナのクラスターの特徴は，ディーラーや楽器店の深い関与にも現れている。これまでの有力な市場は日本であったが，為替相場や経済状況との関係から，現在ではアメリカが主力市場となっている。国によって，好まれるニスの色やスタイルも変わってくる。業者が買い取る場合には手数料が大きいために，業者ばかりでなく演奏家にも，或いは演奏家にだけ販売するという製作者も現れている。ディーラーや楽器店などの業者にとっての品質といえば，クレモナのブランド，即ちクレモナという生産地と，更にはイタリア人製作者の名前のラベルには特別の価値がある。必ず年間数本を買い取ってくれるディーラーや楽器店の存在は，製作者にとっては有難いに違いないが，ディーラーとの関わりを深く持つほど，製作者が量産に走り，自分の納得のいかない楽器を作り続けてしまうといった可能性も否めない。

一方で演奏家との関わりが希薄なこともクレモナの特徴である。製作者は「形より音」の方が大切であると答えながら，実際にはクレモナには演奏家が

もたらす情報が不足していると考えている。音楽院はあるものの，一流の演奏家が育ってクレモナで演奏活動を続けているというわけではない。クレモナはヴァイオリン製作で有名である割には，世界的な演奏家が訪れる機会が少なく，町で子供や大人が演奏をしている音が聞こえてくるということもない。クレモナは製作の町ではあるが，演奏の町，音楽が盛んな町ではない。このことが，実はクレモナの弦楽器製作に深刻な影響を与えている。

④帰属意識

クレモナの製作者は，必ずしもクレモナに対する帰属意識が高いわけではない。従って，クレモナでの技術継承という点には，全く関心を示さない製作者もいる。当然の結果ながら，外国人に比べるとイタリア人，更にクレモナ出身者ほどクレモナへの帰属意識は高い。半数以上を占める外国人の存在は，クレモナの産業クラスターの特徴でもあるが，外国人にとってクレモナは技術を修得するところであり，将来は母国に帰り，母国で工房を持ちたいと考えている製作者も多い。ストラディヴァリの時代にはギルド制により，技術の継承が血縁関係を中心にしたクローズドな世界でおこなわれていたわけだが，現代は技術も製作学校を通したものとなって，工房間でも技術は比較的オープンであるが，製作技術を修得した製作者がクレモナに留まらず出身地に戻ってしまった結果，世界のいたるところでクレモナ製と見分けのつかない楽器が生産されるようになっている。

⑤多様性

クレモナに外国人が多いということは，クラスターを構成するメンバーの多様性を増し，クラスター全体によい影響も与えている。外国人はわざわざ遠方からクレモナに来たという経緯もあり，製作に対してもアグレッシブである。クレモナ人，イタリア人に比べ高学歴で，自ら製作者になるための強い意思決定をおこなっていることからも，技術の革新に意欲的であるといえる。従って伝統や独自性といった「クレモナへのこだわり」よりは，弦楽器の製作技術の獲得ということに焦点を定めているようだ。これらの多様性が，産業クラス

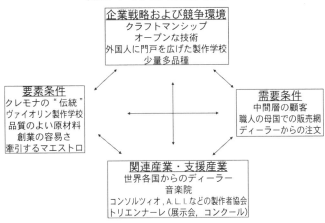

図表5-4 クレモナの産業クラスター

出所：筆者作成。

ターの技術の発展につながる活性化の要因ともなっているが，同時に，外国人はクレモナの産業クラスターに貢献する意欲は高いとは言えないことがクレモナの課題でもある。

(4) クレモナのクラスター分析

クレモナの産業クラスターについて，ダイヤモンド・モデルを使って分析したのが，図表5-4である。

①要素条件

要素条件としては，ストラディヴァリに代表される巨匠たちの遺贈でもある「伝統」という歴史的要件が大きい。ヴァイオリンの製作は基本的に木工作業で，原材料は木材とニスである。ヴェネツィアとミラノの中間にあたるクレモナは，もともとヴァイオリンの原材料となる木材が豊富な地域ではなかったが，ポー川を通して流通や商売の拠点になっていたことや，小都市として文化的に独立していたことが，ヴァイオリン産業が発達した大きな要因となっていた。ストラディヴァリの時代のニスについては解明されていない部分も多い

が，基本的には家具などの塗装と同じで，樹脂で作られている。

　国際製作学校は国立のため授業料が無償ということもあり，世界各国から意欲ある若者を集め，優秀な職人を育成する役割を担っている。製作学校では，道具の使い方など基本的技術を教えている。設立当初から製作学校に関わってきたビソロッティ，モラッシ，スコラーリの三人のマエストロと呼ばれる教授陣は，クレモナのヴァイオリンづくりのゲートキーパーとなっており，クレモナの職人の大半はいずれかの弟子筋に位置づけられる。世界一の弦楽器国際見本市であるモンドムジカに集まってくる供給業者からの原材料調達のしやすさに加え，モラッシは自身が所有する山から原料となる質のよい木材を供給していることも，職人をクレモナでのヴァイオリン作りに留まらせる一つの要因となっている。この背景には，イタリアならではの独立起業の気風もある。

　クレモナの復興はイタリアの国家戦略でもあったが，トリエンナーレや音楽院の設立・運営には，クレモナ市とスタウファー財団による資金援助が大きく，イタリアならではの起業のしやすさの環境も，製作者が独立して工房を構える追い風となっている。

②需要条件

　需要条件としては，アマチュアや学生など音楽教育の普及により拡大した中間層の安定したニーズが大きい。クレモナで製作されたオールド・ヴァイオリンは，数億円にものぼる高額なために，顧客は一流の演奏家やコレクターに限定されている。モダン・イタリーの楽器でさえ，一般の演奏家には高嶺の花である。一方で，ドイツのミッテンヴァルト，フランスのミルクールなど世界的に有名なヴァイオリンの産地や，日本や中国の量産品などにより，低価格帯のヴァイオリン市場は既に飽和状態となっている。その中で，クレモナの製品は中間層のボリューム・ゾーンを対象とすることに成功した。クレモナには製作者も増え，生産台数も多くなり，この点にディーラーや楽器店が着目してクレモナの名を一気に世界に広めたわけである。

　これには，クレモナの製作学校に集まってくる国際色豊かな人材が，その後職人となって自分の楽器を売る際に，言葉が通じ販売が比較的しやすいと思わ

れる出身国に，独自のルートを開拓してきたことが大きい。多国籍な製作者による独自の販売ルートの拡大が，クラスターとしてのグローバルな展開につながり，国際的な市場を形成させていった。そこで大きな役割を果たしてきたのが，各国のディーラーや大手楽器店で，大量に買い付けてくれるディーラーや楽器店は，職人に売りやすい楽器を作らせるためにアドバイスやリクエストをする立場にもある。ディーラーや楽器店による大量注文は，工房から在庫を一掃し，職人が製作に専念できる状況を作り出している。ビジネス・プロデューサーの機能を果たす有能な業者の存在は，クレモナの独占的な競争優位の確立に不可欠であった。

③企業の戦略，構造およびライバル間競争

クレモナは，ヴァイオリンの世界的な量産化の傾向の中で敢えて「手作り」にこだわり，クラスター内では技術をオープンにしているのが特徴的である。もともと製作学校で技術の指導を受けてきたことに加え，完全に手作りのため，同じ製法でも一つとして同じ楽器はできないと考えており，技術の習得自体も短期的に得られるものではないことが，技術をオープンにする理由となっている。製作学校の技術だけでは十分ではないことから，職人の多くは，マエストロの工房での修業を重ね，OJTにより技術を獲得し，その上で起業をすることになる。従って，独立してからもマエストロとの関係は強く，日常的に工房に製作途中の楽器を持っていってアドバイスを受けたり，近くのバールで仕事の合間の一杯のコーヒーや終業後のワインを飲み交わしたりしながら，日常的な会話と共に技術や商売の情報交換をしている。

クレモナでは「クレモナ様式」という伝統的製作方法への回帰を強調するものの，実際にはストラディヴァリの時代の製法は何一つ残っておらず，製作学校ができてから試行錯誤の結果として，技術が受け継がれているに過ぎないことは，既に述べた通りである。このため，改善やストラディヴァリに近づく余地も多分に残されており，このことがヴァイオリン職人の意欲を向上させるモチベーションにもつながっている。

クレモナは留学生の受け入れにも寛容で，クラスター内に多数の製作者がい

ることで全体の生産量は増え，多様な価格帯の楽器を作っている。この多様さがクラスターの中で職人たちが生き残ることにつながっているとの認識が共有されており，コンクールなどでのライバル意識は存在するものの，販売ルートも異なり，クラスター内で熾烈な競争が繰り広げられているわけではない。

このように企業戦略・競争環境としては，クラスター内でのオープンな技術，量産品普及の中で完全に手作りというこだわり，クレモナ様式という伝統的製作方法への回帰，クラスター内に多数の製作者がいることでの　生産量の拡大，寛容な留学生の受け入れなどが特徴としてあげられる。

④関連産業・支援産業

関連産業では，先に各国のディーラーや楽器店の要求が大きいことを繰り返し述べて来た。音楽院の設立により多少なりとも音楽家が輩出されるようになり，形を重視する製作から音にも関心を寄せるようにはなってきている。しかし，まだまだ製作者たちとプロの演奏家たちとの関わりは薄く，ハイエンドの演奏家のニーズを把握しているのはごく一部の製作者に限られている。この点は，今後の課題としてあげられる。

支援産業としては，クレモナの伝統的なヴァイオリン製作様式を促進するために，①トリエンナーレ，②文化評議会，③スタウファー財団，④製作学校，⑤製作者協会といった機関が設置されてきた。コンソルツィオ（商業的製作者協会）やA.L.I.（文化的製作者協会）の自発的な設立により，クレモナのブランドを守るためにネットワークがより強化されたことに加え，トリエンナーレが重要な役割を果たしている。トリエンナーレは，ピアレビューおよび商売のよい機会となっている。コンソルツィオによる未開拓市場への広報活動は市場拡大の手掛かりとなり，また証明書の発行はクレモナの製作者たちの意識に少なからず影響を与えてきた。これらの要素を揃えることで，クレモナの弦楽器製作の生産性が高まり，製作者の生活水準が向上するとともにクラスターの経済を発展させてきたと言える。

(5) クラスターの特徴

　クレモナのヴァイオリン製作の歴史は16世紀に遡るが，現在に至るクレモナのヴァイオリンの産地としての復活は第二次大戦後になってからのことである。1938年に製作学校が設立されたことが契機となるが，すぐにその成果が現れたわけではなく，産地としての活気を取り戻したのは1970年代になってからであった。当時のクレモナには道具・原材料・技術・人材のどれ一つなくなっていたが，製作学校で学んだ製作者たちが細々と製作環境を整えることで次第に産地としての条件を揃えていった。クレモナに息づくストラディヴァリの伝統を土台とし，道具の使い方や個性の活かし方を教える製作学校，クラスターに集まってくる供給業者からの原材料の調達のしやすさ，現代の名匠たちの出現，クレモナ様式という伝統的製作方法への回帰などで活気を取り戻したクレモナは，ヴァイオリン製作のメッカとして復活したのである。

　生涯に1,200本製作したというストラディヴァリの時代の分業中心の工房内での製作とは異なり，一人の製作者の手作りを売りにする現在のクレモナでは一人あたり年間10〜12本程度の製作が限界である。市場にブランドを浸透させるにはある程度の量を流通させることも必要で，工房が集積してクラスターを構築することでその流通量を確保してきた。クラスターの構成員の大半が同じ製作学校での師弟関係・同窓生という関係にあることから，クレモナでは技術は比較的オープンで，製作者の間でのピアレビューや情報交換が日常的におこなわれている。クレモナは小さな町なので，行きつけのバールが決まっていて，そこに行けば大抵マエストロや仲間に会うこともできる。製作学校では設立当初から留学生に広く門戸を広げていたが，世界各国から集まってくる製作者が自国での販売ルートを開拓してきたことが，クラスターとしてのグローバルな展開につながってきた。トッププロの演奏家はストラディヴァリのようなオールド・イタリアンを使用することが多いため，現代のクレモナの楽器は，ハイエンドユーザーというよりはアマチュアや学生など音楽教育の普及により拡大した中間層をターゲットとせざるを得なかった。しかしこのためにディーラーや楽器店からの大量注文が入るようになり，これらの業者が売りやすい楽器を要求することで，製作の水準を高めることにもつながった。こうした側面

をみると，クレモナの製品高度化は製作学校を技術の拠り所としながらも，顧客創造についてはディーラーや楽器店主導で進められてきたことになる。

　クレモナのヴァイオリン産業を支援するために，クレモナ市や州など行政の取り組みに加え，製作学校や音楽院などへの民間財団による資金援助，製作者協会への商工会議所による支援などが重要な役割を果たしてきた。製作者協会では，製作者のネットワークを深めると共に，一人の製作者による手作りを示す証明書の発行や未開拓市場への普及活動をおこない，トリエンナーレで展示会や製作者コンクールを主催している。これらの活動も相まってクレモナの楽器のブランド価値が高まり，ヴァイオリンの産地のメッカとしての地位が確立されたのである。

4. クレモナにおけるイノベーション

　ストラディヴァリなど最高傑作として評される楽器を過去に創り出した黄金時代のクレモナは，イタリアの文化・伝統を守りながら，大都市との人材の往来が盛んで，宗教普及活動に付随する形でグローバルな市場を持っていた。王侯貴族からの高水準の要求は，製作者たちに最高の楽器を製作する精神的・金銭的両面でのモチベーションとなった。更に極めて小さい地域に限定された工房の集積は，ギルド制度下の家族間のクローズドな技術継承を超え，日常生活においてフェース・トゥ・フェースでおこなわれる情報交換の中で知の変換を可能とした。新しい血を外部から取り入れることを拒否せず人材の多様性をもたらしたことは，工房内に刺激を与えるとともに，結果的に才能のある人材を発掘し，技術の継承に留まらない知の変換を啓発することにもなった。集積のもたらす効果は知という形で蓄積し，移動しにくい性質を持つ粘着性の高い情報となって，クレモナの文化やソーシャル・キャピタルの中に組み込まれてきた。地理的近接性がもたらす「場」ならではの情報交換が，技術の継承とイノベーションに深く関わりを持つことで，付加価値の高い製品を作り出すことができるようになったのだと考えられる。

そして現在に至るクレモナの産地としての復活にも，技術継承とイノベーションに関する多くの興味深い示唆が含まれている。クレモナはアマティ，ストラディヴァリの伝統をブランドの拠り所として，ヴァイオリン製作のメッカとなってきた。トップ・マエストロがゲートキーパーとなった人的ネットワークはうまく機能し，極めて友好的な協調関係を形成している。協調ばかりでなく競争も産業クラスターにとって不可欠な要素である。製作学校だけでは学べないヴァイオリン製作の技術の暗黙知に関する部分については，卒業後も数年間マエストロの工房に弟子入りすることで日常的な作業の中から学び取り，自分の技術を磨いていくのが通例で，その後，独立した工房を持つようになる。複数で工房を営むという選択をする製作者もいるが，徒歩圏に工房が集積する狭い地理的空間は，製作者が作業の合間にバールでのコーヒーに誘い合うといった習慣を日常化し，工房での一人での地道な作業という情報閉鎖性のリスクを軽減している。クラスターの地理的近接性は，信頼関係の醸成と共に，ピアプレッシャーによって競争意識を生み出し，これが組織活力の源泉となっている。

さらにクラスターにおける人材の多様性は，よりダイナミックな「場」を形成している。外国人の受け入れに寛容な製作学校は，意欲ある製作者を牽引し，優れた才能を持つ人的資源を発掘してきた。このことが地元イタリア人製作者への刺激となってクラスターの技術的向上をもたらしたばかりでなく，マーケティングにもその優位性を活かしてきた。クレモナでは，製作者自らがマーケティング活動や販売活動を手掛けてきたのが特徴でもある。各工房は下請けではなく独立企業のため，製作者は製作と同時にその楽器を売らなければならない。グローバルな市場の展開は，海外からの製作者が自らの楽器の販路を開拓してきた結果でもある。

クレモナの多様性はゲートキーパーとなる三人の名マエストロにも表れている。いずれも優れた技術を持つ製作者であるが，職人肌，ディーラー肌，教育肌と異なる特徴を持ったマエストロたちである。製作ばかりでなく，商売や教育に熱心な製作者が現れたことでダイナミックなネットワークの場が創られてきた。クラスター全体を眺めても，原材料を売買する者，修理を専業とする者，

後進の指導にあたる者，マーケティング活動の一環として出版にその道を見出す者，クレモナの地方政治の分野で楽器産業の進展を図る者などバラエティに富んでいる。個々人の楽器製作者としての在り方の追求が，製作ばかりでなく，関連多業種に及んでいることがクレモナのダイナミズムにつながっている。製作者が製作を続けながら，多様な形で楽器製作に関連する産業に従事しているのは，製作者たちが個性的で，個人の製作者としての選択をそれぞれの方法でおこない，自己実現の道をたどってきた結果と言えるかもしれない。

ただ，現在のクレモナにはいくつかの課題も存在している。製作学校を設立し外国人に門戸を広げたことで，ウィンブルドン現象を引き起こし，競合は世界に広がった。その結果，クレモナからスピンオフした製作者たちが世界各地に散らばり，量でクレモナに追いつこうとしている。クレモナは技術に対しオープンであるために，世界各地で製作されているヴァイオリンはクレモナの楽器と判別できないように似通ってきている。製作学校の設立により，ヴァイオリン製作技術という極めて高感度な情報である「暗黙知」を「形式知」に変えることができたが，今度は逆にフェース・トゥ・フェースの情報交換が可能な地理的条件を生かした「暗黙知」を強みとしていく必要が出てきている。人間関係や文化に埋め込まれた「埋め込み型の知識」をベースに相互学習していくことで，粘着性の高い知識を「場」に蓄積し，クレモナの産地ならではの個性を更に追求していくことが競争優位を維持していくために必要である。

本調査では，実際には製作者が守りたいと思っている「伝統的手法」がクレモナの伝統とは異なるものであることが明らかになった[11]。また，ディーラーや楽器店の関与は強いものの，音楽家の関与が不足しているという結果も得られた[12]。クレモナの伝統とされる「クレモナ様式」とは，実は商売上の謳い文句にすぎないことがわかる。ストラディヴァリの製作方法が今のクレモナに受け継がれているわけではない。そして，オールド名器を超す新作ヴァイオリンは未だ完成していない。産業クラスターの発展のためには，オールド楽器を超える新作を目指さなければならない。これまでのクレモナの製品高度化は，「形」主導でおこなわれてきた。これはクラスター外部のビジネス・プロデューサーの商売上の理由によるものであった。しかし，ここまで製品の高度化が進

められてきた現在のクレモナおいては，更に上を目指す必要がある。市場で求められているオールド名器を超えた高品質の新作楽器とは，具体的には形状的・視覚的に美しいばかりでなく，音色，音量，浸透性ともに備えたプロ仕様のコンサート・ヴァイオリンである。クレモナが情報や資源のプラットフォームとして「場」におけるイノベーションに臨むならば，要求水準の厳しい演奏家との直接的な関与を一層広げ，見た目の美しさばかりでなく演奏者の表現を最大限に引き出す高付加価値製品を製作していくことが必要だ。ディーラーや楽器店は大量に売れる中価格帯の楽器を要求し，形状にこだわる。ディーラーとの結びつきを強く持ち，売れる楽器を作るために，マエストロからの日常的な指導も「音」によるものではなく「形」によるものになってしまう。しかしヴァイオリンは楽器であり，エンドユーザーとなる演奏家は「音」の良さを求めている。こうした事実からも，更なる製品高度化を目指すためには，ビジネス・プロデューサーはクラスターの内部にいることが望ましいと言えよう。クラスターのためには，商売を中心に考えるよりも，ものづくりと社会を結び，技術を向上させるためのビジネス・プロデューサーが求められている。

　クレモナの更なる発展のためには，クレモナに備わった伝統・文化を土台として，現在のトップ・マエストロのレベルの製作技術をクラスターの「知」として蓄積すると共に，新たな粘着性の高い知識を創造するための「知の変換」を促進していく必要があるだろう。インクリメンタルなイノベーションを続けていくことで，クレモナはヴァイオリンの産地としてこれからも生き続けることができるのだ。クレモナの製作学校の特徴は，マエストロが「良い，悪い」ではなく「美しい，美しくない」の判断することを教えることにある。個性を重んじるイタリアでは，製作の基本的な技術は教えながらも，そこから生じる個性的な表現を伸ばす教育をおこなっている。楽器に最も求められているのはそれぞれの楽器が持つ個性であり，個性が「音」の多様性を創造していく。楽器にとっての付加価値は，個性をいかに出していくのかということに尽きるだろう。だからこそクレモナでは製作学校で技術をオープンにしている。個性は個人の美意識や価値観，技術の体系であり，一つとして同じ楽器が生まれないからである。更に高付加価値の製品を目指すならば，最高の原材料を使用し，

時間をかけて丁寧に仕上げられた作品が，芸術としての音楽を奏でる楽器としてふさわしい。「売れなくてもよいから，後世に残るような名器を作りたい」という質問に対し「はい」50.9％「いいえ」47.4％という結果は，イノベーションに対する製作者の意欲と現実を表している。ストラディヴァリの時代のように，製作者としての精神的な自己実現欲求と金銭的モチベーションへの充足が相まって，はじめてオールド名器を超える新作楽器が実現すると思われる。コストと時間をかければよい楽器ができるとわかってはいても，製作者は自己実現とコストのジレンマに置かれている。量産楽器の著しい品質向上という環境の変化の中で，今後クレモナが競争優位を維持するためには知識ベースのインクリメンタルなイノベーションを続けていくしかない。中間層を狙った供給業者だけでなく，例えば富裕層のオルタナティブ投資への販路を見いだすことができれば，製品の付加価値を高める製作者の意欲にもつながり，新たな活路とともにクラスターの持続的発展も期待できる。製作者たちが何を追求していくのか，という方向性がクラスターの存続に関わっている。そこで製作する人々のベクトルを束ね方向づけながら，クラスターの持つ技術と芸術を融合させるビジネス・プロデューサーこそクレモナの楽器の更なる高度化を推進することができる。

5．おわりに

　クレモナ様式とは具体的な製法というよりは，正確な一つ一つの作業を通して実現する全体のバランス，雰囲気を指す。より美しい楽器，より音のよい楽器を作れるのは，製作者の感性によるところが大きい。技術系出身の製作者が正確な寸法で，きっちりした仕事をしても，必ずしも美しい楽器が作れるわけではないのは，ヴァイオリン製作は製作者そのものだからである。頭脳明晰だから，説明能力が長けているからといって，素晴らしい楽器が製作できるわけでもない。ただ，優れた楽器を作る製作者たちは，それぞれの哲学を持って製作している。その製作者の人生観，美的感性といったものが，楽器からは読み取ることができる

帰属意識も高いとは言えない外国人の多くがクレモナに留まるのは，職人同士のピアレビューにより技術が磨かれている点が大きい。外国人は技術や販売に対する意欲も強い。正確な計測のみでは十分ではなく，木材との対話，光の当たり具合，手触りなど多くが職人の勘によって作られるヴァイオリンの製作技術は，製作途中の過程でマエストロの意見を聞いたり，同僚と意見交換するフェース・トゥ・フェースの情報交換が極めて重要で，小さなクレモナの町は技術や商売の情報の流れを促進し蓄積するための最適な「場」となっている。新作ヴァイオリンのイノベーションは製作学校が装置となり，クレモナ人が環境整備を整えながら，そこに外国人が集まることで技術向上と市場の広がりをもたらした。過去の名器を輩出した時代と同じように，外部からの人材は重要な要素であった。イタリア人のためのイタリアの製作学校では，ここまで産業クラスターとして発展してくることは難しかったであろう。ゲートキーパーとなるイタリア人がクラスターを牽引しつつも，熱心な外国人の存在は新作ヴァイオリンの技術革新に不可欠であった。母国に戻った職人たちも，世界中でヴァイオリンという楽器を広め，またクレモナの名前を広めることに貢献している。

クレモナはアマティ，ストラディヴァリの伝統をブランドの拠所として，ヴァイオリン製作のメッカとなってきた。製作学校を通して形成されるトップ・マエストロが核となったクラスターの人的ネットワークはうまく機能し，極めて友好的な協調関係を形成している。一方で欠落した競争意識には，クレモナの置かれている競争環境を的確に把握し，製作者の意識改革をおこなっていく必要があるだろう。製作者が商売上の理由で業者にうまく使われてしまうといった事態を避け，「できる限りよいものを追求していく」（ピストーニ氏）こと，自分自身との対話の中で「常に前進していくこと」（高橋明氏）が求められている。その模索すべき中には「全て一人の製作者による手作り」ということ以上に重要な要素が含まれているのかもしれない。これまで数十年の間に目覚ましい製品の高度化を進めてきたクレモナだが，ストラディヴァリを超える楽器の製作には未だ至っていない。クラスターの新たなイノベーションのために，個人の製作者の枠を超えた更なる取り組みが期待される。

インタビューリスト（敬称略）

ヴァイオリン製作関係者

 クレモナ国際ヴァイオリン製作学校　副校長，製作者　Scolari, Giorgio
 クレモナ市文化評議会　委員　Berneri, Gianfranco
 コンソルツィオ　副会長，製作者　Hornung, Pascal
 市立ストラディヴァリ博物館　館長　Mosconi, Andrea

ヴァイオリン製作者

Abbuhl, Katharina,	Fontoura De Camargo, Filho Nilton Josè
Ardoli, Massimo	
Asinari, Sandro	Freymadl, Viktor Sebastian
Bergonzi, Riccdardo	Gastaldi, Marco Maria
Bernabeu, Borja	Gironi, Stefano
Bini, Luciano	五嶋芳徳
Bissolotti, Marco Vinicio	Heyligers, Mathijs Adriaan
Bissolotti, Francesco	菊田浩
Borchardt, Gaspar	Klaus, Berntsen Flavio
Buchinger, Wolfgang Johannes	小林肇
Campagnolo, Luisa Vania	Lazzari, Nicola
Cassi, Lorenzo	Massimo, Ardoli
Cavagnoli, Roberto	松下則幸
Commendulli, Alessandro	松下敏幸
Conia de Konya Istvan, Stefano	Morassi, Gio Batta
Dangel, Friederike Sophie	Osio, Marco
Delisle, Bertrand Yves	Pedota, Alessandra
Di Biagio, Raffaello	Pistoni, Primo
Dobner, Michele	Portanti, Fabrizio
Dodel, Hildegard Theresia	Riebel, Loual
Fiora, Federico	阪本博明

Solcà, Daniela
鈴木徹
高橋明
高橋修一
田口隆
Triffaux, Pierre Henri

内山昌行
安田高士
Voltaini, Allessandro
輪野光星
Zanetti, Gianluca

アンケートにご協力いただいた製作者

神谷亜理
福山香織
Matus, Eddie
Menta, Alessandro
村田淳志
長野太郎

Piccinotti, Barbara
鈴木公志
Scolari, Daniele
坂本リサ
坂本忍

注
───────────
1 1721 年製のストラディヴァリ「レディー・ブランド」は，2011 年に日本財団によりロンドンのインターネットオークションに出品され 980 万ポンド（当時為替レートで約 12 億 7,000 万円）で落札された。また，2010 年にはジュゼッペ・グァルネリの 18 世紀のヴァイオリンが 1,800 万ドル（当時の為替レートで約 15 億 8,000 万円）の売値がつけられ話題となった。ヴァイオリンなどの楽器類は，オルタナティブ投資の一種として欧米の富裕層の間では一般的である。
2 全てを参考文献に列挙しているわけではないので，詳細は大木（2009）を参照のこと。
3 今泉ほか（1995），34 頁。
4 繊細で美しく仕上げられたクレモナ派に対し，同じくイタリアのガスパロ・ダ・サロやその弟子のマジーニによるブレッシア派の楽器は頑丈に作られているのが特徴である。
5 Gianfranco Berneri 氏。
6 正規に就業登録していない製作者も多い。
7 コンソルツィオと A.L.I. のリストによる。
8 製作において「形」を重視するが 1.4％に対し，「音」を重視するは 41.4％となっている。
9 2016 年 7 月平均レート　1 ユーロ ＝ 115.08 円
10 Fabrizio Portanti 氏。
11 「伝統的製法にこだわりたい」46.3％（「こだわらない」19.4％）だが，伝統と言われる「クレモナ様式」についてはどの部分が統一的な見解が得られなかった。
12 「特定のディーラーと取引している」57.6％で平均 5 人のディーラーと取引があることから販売人脈は広いのに対し，「クレモナには音楽家が多くの情報をもたらしてくれる」には「思わない」68.1％となった。

第 6 章

技術に美的感性を埋め込むものづくり

　本章では，これまでに提示したシリコンバレー，景徳鎮，有田，クレモナの事例研究から，技術と芸術を融合させたものづくりに向けた製品高度化の条件について考察していきたい。これらの産業クラスターをみると，最先端と伝統的手工芸というクラスターの構造や製品の違いはあるが，発展を遂げる経緯に通底する点があることがわかる。そこで，成功している産業クラスターとしてシリコンバレーとクレモナの事例の共通点を探りつつ，対比される景徳鎮と有田の分析を織り交ぜながら，製品高度化のメカニズムについて捉えていくことにする。

1. 製品高度化の条件

(1) 前提条件
　まず，クラスターの成功に共通する要素から，産業クラスターにおける製品高度化のための前提条件となる4点について提示しておきたい。

　①技術開発のための財政的支援〜スポンサーの存在
　産業クラスターには，多数の企業や関連産業が集積している。クラスターの発展を考えた時，多数の企業が同時に存続するための第一の前提条件となるのは，技術開発を促す公的機関を中心とした財政支援のシステムである。
　シリコンバレーの場合には，初期の段階で図らずも国防事業とつながったことで国防予算からの入札が多かったことから，国家需要に応える製品の売上を

確実に伸長させたことが，結果的に政府を大きなスポンサーとして成長してきた．中核となるスタンフォード大学でも，政府や受託研究資金は技術研究開発を大きく支えている．

景徳鎮の場合も，かつての栄華は歴代皇帝のニーズと公的資金による官窯の設置があったからこそ実現したものである．その後官窯で培われた技術は民窯にも広がり，世界的な産地として認識されるようになった．国家の計画経済下においては十大国営工場での生産に移り，普及品を主として生産されるようになり，その後は資本主義の導入によりこれらの国営工場も崩壊して，脈々と続いてきた生産技術は途絶えてしまったが，公的支援による国立陶瓷学院が設立され，陶磁に携わる人材の育成に努めている．

有田の場合には，鍋島藩によって伊万里・有田地区の窯が有田に統廃合され，有田皿山が形成された．さらに江戸時代になると佐賀鍋島藩により御用窯がつくられ，将軍家への献上品や大名などへの贈答品として，約200年間藩直営窯で焼き続けられた．この鍋島焼は，鍋島藩主が自家用品として，皇室・将軍家への献上品，諸大名あての贈答品とするために，藩庁の指示により藩内の名工を抜擢して制作されたものであり，採算を度外視して技術開発をおこなったことが完成度の高い芸術的作品の生産につながった．柿右衛門様式の発達も，こうした鍋島藩からの恒常的な注文があったからこそ実現したものである．現在の公的支援は佐賀大学や工業学校での人材育成への貢献が高い．

クレモナの場合には，かつては欧州の王侯貴族がスポンサーとなり「クレモナの栄光」と呼ばれ，一世を風靡したが，戦後は国家戦略の一部としてクレモナをヴァイオリンづくりの町として再生させてきた経緯もあり，様々な行政レベルで支援されてきた．特に公的支援により国立製作学校を設立し，国際的な人材の育成にあたっている点で行政は大きく貢献している．また製作学校や音楽院，トリエンナーレの運営を支えるスタウファー財団の資金援助も，高度な製品を作り出すための技術開発に不可欠な存在となっている．

このように，各クラスターのかつての栄光をみても，スポンサーの莫大な財力が使われてクラスターが成長を遂げたことは共通しており，少なくても技術開発を促すための人材育成を中心とした政府・行政・財団等からの資金援助は，

クラスターの製品高度化の前提条件の一つであることがわかる。

②歴史を背景とする産地のネームバリュー

　前提条件としての第二は，歴史を背景とする産業クラスターのネームバリューである。

　アメリカの西海岸にあるシリコンバレーは，ヨーロッパや東海岸の産業に比較すると歴史としては新しいが，理系人材が好んで集まる様々な実験の場を土壌とし，半導体を中心とした産業クラスターとして知られるようになってから久しい。コアとなる産業を変容させつつも，シリコンバレーという知名度の高さは，ベンチャー企業や投資家を惹きつけ，新たなビジネスの展開を促進する役割を果たしている。

　景徳鎮は，最盛期の宋代から明・清時代を通して陶磁器生産では1000年以上の歴史を持つが，特にオランダ東インド会社により貿易品として欧州に輸出されるようになったことで，世界的なブランドを確立した。国内市場から海外に市場が移ったことで，官窯に代わって民窯が隆盛を極めるようになり，いっそう製品の高度化が進められた経緯がある。今では普及品が主力となっているものの，陶磁器産地としての景徳鎮の名前は国内外で知られており，その名は顧客を惹きつける役割を果たしている。

　有田に関しては，陶磁器の美的鑑賞の対象として捉える「鑑賞陶器」が注目を集めるようになり，その中で「古九谷」「柿右衛門」「鍋島」といったブランドが確立した。磁器の生産が軌道に乗りつつあった17世紀半ばには，景徳鎮に代わり有田の陶磁器輸出が開始され，海外市場の需要に応じた形や文様の磁器が大量に作られると同時に，国内向けの高級品も生産されていった。柿右衛門様式が隆盛を極めた17世紀後半には，高品質の有田焼陶磁器が大量にヨーロッパに輸出され世界的ブランドを確立した。その後一般向けの量産品に転じた有田ではあるが，400年の歴史を背景としたネームバリューの効果は大きい。

　クレモナも，400年以上の歴史を持つヴァイオリンづくりのメッカとして知られている。巨匠ストラディヴァリの名は，クレモナのブランド価値を高め，その名前に引き寄せられて，世界からヴァイオリンづくりを目指す人材が集

まってくる。また消費者もクレモナ製の楽器というだけで，特別な価値があると考える傾向にあり，その意味では歴史的なブランド力は産業クラスターの製品高度化を考える上で，前提条件の大きな一つとして捉えられる。

③広範な量的市場〜望ましいグローバル・マーケットの獲得

　産業クラスターが成り立つ前提条件の第三は，多数の企業が作りだす大量の製品が消費される量的市場が存在する点である。

　シリコンバレーの製品は，大半がBtoBであることから顧客は各国の大企業であり，製品を複数の企業に重層的に提供することで，世界に広い市場を獲得している。またインターネット社会では，シリコンバレーの創り出す新たなビジネスモデルが，瞬時にしてグローバルな市場を獲得することもできる。産業クラスターも，このような量的市場を持つことではじめて認知度が高まり，顧客からの信頼度を高めることができる。

　景徳鎮はかつて，栄華を極めた時代には欧州各地の王侯貴族を中心に世界の富裕層を顧客としていたが，昨今では普及品は言うに及ばず，ハイエンド向けの倣古品，新作オブジェともに国内需要が中心となっている。近年では，官官接待の禁止でハイエンドの需要も激減し需給のバランスも崩れてきてはいるが，急速なGDPの成長もあやかって，中国では当面国内需要だけでも十分なボリュームがある。

　有田は，かつては「伊万里」「柿右衛門」「鍋島」といった名品を世界各地に流通させてきたが，一般向けの製品についても国内全土に大量に流通させてきた経緯がある。業務用食器で他産地との差別化を図り，小ロットながら旅館や飲食店の国内需要を束ねてきたことで，これまでは量的市場を確保してきた。国内の食器市場が縮小する中で，昨今の和食ブームに乗って再び海外市場を開拓しつつある。

　クレモナでは，個人の手作りで製造する楽器には量的限界があるが，多くの職人たちが集まるクラスターを形成することで，クレモナ製の製品を大量に流通させることが可能となり，クレモナの楽器の知名度を向上させている。グローバルな人材による世界中に確保された販売ルートにより，世界のマーケッ

トを確立してきていることが，世界での知名度を高め信頼を与えていることがわかる。

④厚い技術者層と育成体制〜世界からの優秀な人材の確保

そして第四の前提条件として製品高度化に不可欠なのは，技術の中心となる人材の豊富さである。グローバルに人材を集めることで，その中から選りすぐりの優秀な人材を多く輩出するメカニズムは，インクリメンタルな製品の高度化に不可欠である。

シリコンバレーではスタンフォード大学や UC バークレーを中心に，世界各国から優秀な人材が集まり，卒業後はシリコンバレーに就職したり，起業したりすることも多い。シリコンバレーでは高学歴理系人材の比率が高く，企業間を移動しながらもシリコンバレーに留まることが多いことから，その層の厚さは他に類を見ない。中国，インド，ロシアなど多様な国籍の技術者層が開発に関わっていることが，クラスターでの製品の高度化の前提条件となっている。

景徳鎮では，職を求めて全国から人材が集まってくるが，その中でも陶瓷学院の役割は大きい。大量の卒業生を輩出し，全国に卒業生が散らばることで，更に国内の陶磁製造技術が拡散しレベルを高めていく効果もある。グローバルな人材を豊富に集めているとは言えないものの，欧米から景徳鎮の陶磁を学びに来る人たちもいる。人口 13 億人以上の大国だけに国内の人材だけでも才能ある若手人材は豊富にいることから，これらを熟練工や芸術家として育成することで，十分に厚い技術者層となる。

クレモナでも同様に，製作学校には国際色豊かな人材が集まり，その中から優秀な人材が輩出されている。熱心で技術力が高い外国人は地元のイタリア人にも刺激を与え，クラスターの製品を高度化するための技術開発の前提条件となっている。

このように，スポンサーの存在，歴史を持つ産地のネームバリュー，量的市場，技術者層の厚さといったことは，クラスター内で製品を高度化するための前提条件として，各クラスターに共通していることがわかる。

(2) 製品高度化への条件

次に，製品高度化への条件として，成功しているシリコンバレーとクレモナの事例と，対比例となる景徳鎮，有田の事例を比較しながら，四つの必要条件をあげておきたい。

①ものづくりに精通したリーダーのイノベーティブなマインド

第一に，ものづくりにおいて重要なポイントは，経営トップがものづくりに精通していることである。なぜならば，高度な技術を持つ技術者や職人たちプロフェッショナルの組織では，トップ自らが現場の技術に精通していることで，はじめて現場にその水準の高い無理な要求を受け入れてもらうことができ，その上で現場の人々がゴールを目指した努力に邁進することで，ようやく技術的イノベーションが期待できるからである。製品高度化を担う企業がオープン・リソースを利用する場合には，製品企画の側面でプロデューサーとしての機能を担うことになるが，その際にもトップは技術に精通し，ものづくりに対して徹底的なこだわりをもっていることが高度な製品を生み出すためには不可欠となる。

シリコンバレーでは，アップルのスティーブ・ジョブズ（Steven Paul Jobs 1955-2011）のように，経営者自ら技術開発に携わりながら企業を成長させてきた例が多い。もともとシリコンバレーは実験好きの理科系人材の集まりでもある。開発途中で使い勝手を自分の手で試すことで，研ぎ澄まされたデザインとユーザー目線で使い勝手のよい製品が完成していく。製品開発の意思決定をするために，技術系企業では社長自らがワクワクしながら熱中してものづくりを続けることで，イノベーションが継続し創発されることにつながっていく。

クレモナの場合も，クラスターのトップに君臨するモラッシ，スコラーリ，ビソロッティはいずれも腕のよい職人であり，高齢ではあるが現在でも自ら素晴らしい楽器を製作し続けている（ちなみに，ストラディヴァリは93歳までヴァイオリン作りを続けていた）。モラッシもスコラーリやビソロッティもそれぞれ異なる製法ではあるが，楽器製作の探究を日々続けており，その熱意はクラスターの向かうべき方向性を示しながら，職人たちが真摯にヴァイオリン

づくりに励む姿勢を醸成している。彼らは，弟子筋にあたる職人たちの楽器を，製作過程でアドバイスすることも多いが，自らの製作経験と試行錯誤があって，はじめて頑固な職人たちを納得させ，製品の高度化へと向かう方向づけをすることができる。

　一方で，現在の景徳鎮や有田のクラスターには明確なリーダーが存在しない。これらのクラスターのように分業体制が徹底しているものづくりにおいては，プロデュースする企業や人は必ず存在するはずだが，景徳鎮では大半が零細企業で，基本的に職人・企業は独立独歩である。産地の卸問屋が存在しないこともあって，同族・同胞のコミュニティを中心に，既存製品のデザインを自由に模倣しながら安物の普及品を大量に製造するというスタイルが主流で，クラスター全体を牽引するようなハイエンド向けのプロデューサーは顕在化していない。クラスターを牽引すべき作家や陶瓷学院の教授陣も，独自の販売ルートを開拓する必要があることから，商売に熱心にならざるを得ない。従って，クラスターのリーダーが不在である。

　また有田では，製品企画に関しては市場のニーズを把握する卸問屋がその役割を担ってきたが，陶磁器市場が縮小する中で商社も窯元もかつての力を失いつつある。柿右衛門など伝統技術の継承を課題とした作家たちは，それぞれに工房を構えて弟子を育ててはいるが，陶磁器のクラスターとしての製品の高度化を牽引しているわけではない。こうして，有田でもものづくりに精通したリーダーの不在が続いてきた。

②ピアレビューの場

　第二に，産業クラスターを構成する最大のメリットの一つは，日常的に移動可能な範囲にピアレビューの場が多く存在し，これを利用できる点にある。プロフェッショナルの技術を磨くのは，自らの研鑽によるところが大きいが，特に同業者からの評価は日々の努力が正当に報われる機会としても重要となる。

　シリコンバレーには，企業が持つ技術を組み合わせて新製品を開発するプロデューサー的機能を持つ企業がある。その企業がイメージする製品をつくりだすために，様々な部品が使われることになるが，その各社の技術情報は厳しい

ピアレビューのもとに曝され，判断されることになる。技術開発者が多く集まり，専門的知識を持つコミュニティが形成されているからこそ，信頼性の高い情報が流通すると言える。

　クレモナでも，ピアレビューは欠かすことができない。同じ工房の職人はもちろんのこと，製作学校の同級生など職人仲間との日常的な行き来の中で，ライバルの楽器を見る機会は多い。下手な楽器を作れば，狭いコミュニティの中ですぐに評判になってしまう。高い価額がつけられているからといって，仲間から尊敬されるわけではない。A.L.I.などのオフィシャルなネットワークやトリエンナーレなどの製作コンペティション以上に，同窓生，同級生，同僚による日常的なピアレビューが技術を向上させるモチベーションにつながっている。

　一方で，景徳鎮でもピアレビューの場がないわけではない。生産者の競争心は強く，国際陶磁博覧会や学生たちの楽天陶社市場などピアレビューができるような場もあるにはあるが，もっぱら商売の場として捉えられており，技術向上には有効に活用されていない。

　有田でも，かつて登り窯で焼成していた時代には，窯元のもとに生産者たちが集まり，窯出しの際に互いの製品をピアレビューする機会というのが自然に存在していた。しかし，現在ではかつてのような大掛かりな窯は消失し，電気釜やガス窯などで個々に手軽に焼成できるようになったことから，窯出しのような自然な形で他者の作品を見る機会も少なくなってきている。技術に関しては歴史的経緯からも閉鎖的な傾向があり，細密な分業化が進んでいることから，クラスター内では異なる工程を担う零細企業が多く，同じ工程を担う他の職人たちとの交流機会も少ない。こうしたことから，ピアレビューによる技術の研鑽が製品の高度化につながるという仕組みにはなっていない。

③消費者の鑑識眼

　第三に，製品高度化のための技術の向上には，消費者の高い要求が不可欠である。

　BtoBが基本のシリコンバレーでは，ビッグビジネスにつながる製品開発に使う他社の技術に対して，企業は当然のことながら慎重に判断する。イメージ

する製品を完成させるために，他社の持つ技術を土台としながら，更に高度な要求をすることで，部品となるメーカーの製造開発技術も進化していく。また，最終製品に関しては個人ユーザーの高いニーズを満たすような製品開発がされていくことからも，一般消費者もまた技術開発のドライバーとなっている。

　クレモナでは，中間層を狙った製品群が中心であることから，ヴァイオリンを使う音楽家からの直接的な要求はそれほど高いとは言えない。大きなパワーを持つのは，大量注文をするディーラーや楽器店である。彼らは売れる楽器をつくらせるために，特に形状的なもの（形や色）に多くの要求をしてくる。例えばアメリカではオールド風にニス塗りした楽器が好まれるが，日本では新作と見える一色のニス塗りが好まれるなど，国によってニーズも異なるため，結果的には多様な楽器が製作されている。クレモナの楽器に，音楽家がもっと関与するようになれば，「音」に対しての要求も高くなり，クレモナの楽器が一流の演奏家に使われる比率も今後一層高まると思われる。

　また景徳鎮の場合には，ハイエンドの官僚や富裕層の消費者も，長年にわたり官官接待による贈答品が中心であったことから，鑑識眼が発達してこなかった。大きな作品や奇抜なオブジェに関心が向き，食器に関しても和食器のような季節感を備えた多様な形態があるわけではなく，大皿・小皿・スープ皿のセット品が主流である。金などがふんだんに使われている高額なものもあるが，個人の趣味の良さを反映させるような製品はほとんど見当たらないのは，そうしたニーズが存在していないことを示している。

　日本では，戦国武将たちが茶道の器を持つことをステータスとして捉えた史実からも，茶の湯において器の価値というものが擁立されていたことがうかがえる。雑器でさえもまったく違った意味や価値を持つようになったのは，千利休が侘び茶の価値観を与えたからである。更に，20世紀になると魯山人が「器は食の着物」と捉え，食器は食を彩るものとして重要な役割を果たすようになった。こうした背景もあって，一般家庭においても食器の種類は多彩である。もっとも有田は料亭や旅館の業務用食器を対象としていたことから，買い手は季節に合わせた懐石料理の品々を提供するためにふさわしいといった程度の形状にはこだわるものの，業務用としては割れにくい，欠けにくいといった

1. 製品高度化の条件　149

頑丈さが優先され，デザインに関して高い要求が存在していたわけではない。こうした長年の商売の仕組みは，有田が製品高度化の必要性に晒されないという状況を慣習化させてしまった。

④技術者の感性

そして最後に，高度なものづくりに最も重要なのが，現場の技術者や職人の感性である。いくら経営トップが素晴らしくても，実際に開発を進めていくのは技術者たちである。その技術者たちの感性こそが，最終的な製品高度化を決定的づける要因となる。

シリコンバレーでは，実は芸術に関するアクティビティが非常に盛んである。スタンフォード大学には音楽学部もあり，そこには音楽学部の学生ばかりでなく，他学部の学生も集まってくる。英才教育を受けたエリートたちは，楽器の演奏もうまい。彼らは在学中，スタンフォード大学のレジデンツ・カルテット（弦楽四重奏団）のメンバーから無料でレッスンを受け，2時間のフル・リサイタルを開いて卒業していく。このような人材がエンジニアとなったり，医者となったりして，地域の芸術活動に貢献している。また，富裕層向けの私立学校では，劇場を持ち，プロフェッショナルな演出家や舞台監督を雇用しているところも多く，毎年本格的なミュージカルを上演する。こうした活動が至るところでおこなわれている。芸術活動に直接関わらなくても，家族が関わっていたり，鑑賞する機会が非常に多く感性が磨かれるような質の高いイベントが多く開催されているのも，シリコンバレーの特徴である。シリコンバレーでは日々の生活の中で"Innovative, Disruptive, Game-changing, Paradim-shift, Phenomenal, Entrepreneurial"といった言葉がよく使われるという[1]。クラスターを構成する人々が，こうした自負を持って現状を破壊するような新たなパラダイムシフトを求めている。こうした生き方は自然と，感性を研ぎ澄ませることで何か面白いものを発見し，創造していこうという意識につながっている。

またクレモナは，美に対して徹底的なこだわりをもつイタリアの町である。イタリア人の感性は世界でもトップクラスで，町は長い歴史が刻まれた美しい建物に覆われている。美に対して細部まで徹底したこだわりを持つ気質は，ク

レモナに住む外国人にも引き継がれ，普段の感覚の中に刻まれている。

　一方で景徳鎮では，陶磁器も安物が氾濫し，売れ筋や新たなデザインを模倣した製品が多い。博物館などでも，国家レベルの貴重な作品は北京や上海などの大都市の博物館に収集されていることから，現場の職人たちはホンモノを見る機会が圧倒的に少ない。分業体制を敷く工場ではウォークマンを聴きながら作業をする状況なので，個々の感性ばかりでなく，現場は作品に向かう真摯な態度に欠けている。こうした体制では，美しい作品が生まれるべくもない。

　有田では，凛とした柿右衛門の工房に代表されるように，ハイエンドの作家たちは美術大学などで感性を磨き，作品に取り組んでいる。しかし，分業体制の職人たちは工業の一工程を，生きていくための仕事という意識を持っているに過ぎず，有田への帰属意識は強いものの，貢献したいという意欲は低いように見受けられる。従って現場の職人の感性という側面では，言われたことを言われたようにやるといった以上の美意識は感じられない。もっともシリコンバレーのプロフェッショナルとは異なり，職人が美に強い感性を持つということ自体，所得や生活環境などを鑑みると難しいのかもしれない。その意味では，美意識の優れたイタリアやフランスの国民の特性や，ドイツのマイスター制度のような国家資格に裏付けられた職人の正確で美しい仕事といったことが，現場で技術と芸術的感性を融合させる前提条件となってくると思われるかもしれない。しかし，日本でも西陣ではハイエンド向けの美しい織物を産出し，分業制度の中で景徳鎮や有田と同様に現場の職人たちが工程を担っている。家業として受け継いだ西陣の職人たちも，生産の一工程に特化した地味な仕事を続けており，作家のようなクリエイティビティや美意識を有しているというわけでもない。こうした状況において製品の高度化を成功させるためには，やはりビジネス・プロデューサーの手腕が必要とされるのである。

　このように，最先端クラスターにも伝統クラスターにも共通する製品高度化に向かうためのいくつかの条件があることが指摘できる。それと同時に理解されるのは，景徳鎮はクラスターとはいっても各企業体や個人が独立独歩で活動をしているだけの集積地であり，リーダーとなるような企業も存在せず，クラ

スター内部での「競争と協調」のダイナミックな関係が構築されていないことが、クラスターの衰退を招いてきた原因である。また、有田も潜在的には高い消費者のニーズが存在するにも関わらず、結局はそれらを汲み取り製品企画をおこなっていくビジネス・プロデューサーが存在しないことで、製品の高度化を進めてくることができなかったことがうかがえる。

2. 高度なものづくりへの移行メカニズム

　本書のまとめとして、産業クラスターにおける高度なものづくりへの移行を促進するメカニズムについて考察していく。

(1) 人材育成とブランド構築
①産官学の連携

　ものづくり産業クラスターの技術育成の核となるのは、高等教育機関である。世界中から才能ある人材を集めるためにも、授業料が無償或いは低額であることは重要である。このため公的教育機関を設立することが望ましいが、スタンフォード大学のような私立大学でも、多くの奨学金制度が用意されており、実質的には生活費や研究費を賄うに十分な資金援助を受けることが可能である。これらを支えているのは、国家の財政に加えて事業で成功した同窓生たちによる寄付である。クレモナの国立製作学校も、授業料は外国人にも基本的に無償であり、運営資金にはスタウファー財団の役割が大きく、産官学連携のもとで優秀な人材を育成していく体制は不可欠であることがわかる。

　教育機関において最も重要なのは、その教授陣の人的資源にある。高度な専門的知識と現場の技能を持ち合わせた一流の人材を揃えることで、はじめてそれを超える人材が育っていく。更に、卒業後に技術を研鑽し、専門的人材として育成する場も必要である。シリコンバレーでは博士号取得者の比率も高く、ポスドクとして企業と連携する大きなプロジェクトの技術研究開発組織の一員となり、十分な経験を有する場合が多い。クレモナでは、工房に入っての

OJTで技術を磨いていく。即席では習得できない技術開発人材の育成は、教育機関のみならず、実務界との連携の上ではじめて可能となる。このような産官学の連携の中で生まれる人材こそが、プロフェッショナルとしてのモラルを土台とした高いモチベーションに支えられ、高度な製品開発を進めていくことができる。技術開発者や職人を動機付けるのは、最終的にはカネではなく、いかにワクワクしながらものづくりができるか、という点にかかっている。そのためにも、高度なプロフェッショナルに囲まれる産業クラスターの環境は、自分の仕事を正当に評価してくれるという意味でも貴重な場となる。

景徳鎮も、1909年に設置された陶瓷学校を母体とした景徳鎮陶瓷学院では、2014年現在、教員200名、学生数4,000名を抱えており、学院の卒業生や美大の卒業生が教授にあたっている。国立のため授業料は低額で、在学生の8割が作家を目指しており、売れ筋の倣古や創作芸術品の制作を夢見ている。楽天陶社などで学生の作品が展示される定期的なマーケットは、若手にとってはピアレビューの場となっているように見受けられる。ただ、景徳鎮では技術を学びに来ている陶瓷学院の学生さえ、「安易に半製品を購入したり、デザインをコピーしたりする傾向にあり、なかなか力がつかない」[2]現状がある。国家主導で文化政策を推進しても、現場の人々の意識が変わるには時間がかかる。「取りあえず作れば売れる」状況ではクラスターに競争も協調も必要なく、製品高度化に向かうメカニズムが形成されてこないわけである。

有田では、窯業大学校がその役割を担ってきたが、2016年から佐賀大学に統合され、専修学校から学士号を取得できる4年生大学に移行した。もっとも、クレモナの製作学校も製作に特化した職業専門学校から、中等教育機関として製作以外の一般科目の履修が義務付けられた経緯があり、高校を卒業してから入学した学生からは製作技術の習得の時間が割かれるといった不満も聞かれる。更に卒業後の進路として陶芸家や伝統工芸士を想定していることからも、クラスターに卒業生がどの程度貢献することになるのかは未知数である。

②卒業生が持つメソッドがもたらすクラスターとしての同質性

産業クラスターでは多様性が構成メンバーへの刺激となり、多様な感性を持

ち合わせた人材，国際色豊かな人材が混在することで，ライバル意識も高まることになる。かつてのストラディヴァリの活躍も，実は血縁を重視したギルド制の中で，ヴァイオリンを実質的に発明したアンドレア・アマティが，血縁以外の弟子を工房に迎えたところから始まっている。しかし一方で，同質性もまた重要な要素となる。

シリコンバレーではスタンフォード大学の卒業生が，またクレモナでは製作学校の卒業生が圧倒的に多い。同じメソッドで学び，同じ教育文化を共有してきた背景を持つ人材は，意思疎通が早い。これは例えば，桐朋学園大学で音楽教育者として名高い斉藤秀雄氏のメソッドを共有し，世界各地で活躍している奏者を寄せ集めた「サイトウ・キネン・オーケストラ」のパフォーマンスの高さからみてもわかる。同楽団は常設のオーケストラを超える世界的評価を受けているが，これは同じメソッドを共有しているために微妙な情報伝達が容易で，組織力が強いことが理由である。産業クラスターもまた，多様性を持ちつつも，根底には同質性による共感が必要とされ，技術者や職人にとって意思疎通に過分なエネルギーを必要としない居心地がよいことで，協調関係が生まれることになる。もともと技術開発者のような理系人材やヴァイオリンづくりや陶磁器製作に携わる堅気な職人たちは一般的類型では同質性を有するが，同窓生という連帯感はクラスターへの帰属意識につながり，クラスターの発展を支える要因となっている。

景徳鎮では，血縁，地縁，学縁といった外在的要因が複雑に絡み合い帰属意識に影響しているが，この中で特に重視されているのはファミリーとしての血縁と，同じ地方出身者という地縁であり，これらの強固なネットワークと集団形成が分業体制と商売の基本となっている。陶瓷学院卒業生の大半が独立した陶芸家を目指しており，景徳鎮を離れ故郷に戻るケースも多いことから，クラスターに同窓生の連帯感は希薄であるように見受けられる。

また，有田も血縁，地縁に基づく分業体制と商売が基本である。工業高校や窯業学校の卒業生ネットワークはあっても，高校卒業後は職人として細分化された分業体制の一工程に組み込まれてしまい，窯業学校を卒業すれば作家になるといったケースも多く，クラスター内での企業間の人材流動性も低いため

に，同窓生の同質性を十分に生かすような構造にはなっていないようである。

③ブランド構築のための製品の多様性

　これまで繰り返し述べてきたように，産業クラスターを支えるのは製品の多様性とハイエンド製品である。産業クラスターには多くの生産者が存在しているため，これら全ての人々の生き残りを考慮しつつ，クラスターを維持・発展させていく必要がある。グローバルな市場を獲得していくためにも，各国のニーズに合わせるために多様な製品群は不可欠である。世界市場に多くの製品が出回ることで認知度も上がり，ブランドが確立されていく。

　ハイエンド製品をインクリメンタルに創造していくのは，クラスターの量産品を維持していくためでもある。技術をリードする企業があって，はじめてこれがクラスター全体の牽引力となり，底辺がついてくる形となる。シリコンバレーは，まさにトップを走る企業がハイエンド向けの製品を常に作り出している典型例である。手工型のクラスターにおいては，更に，クレモナのように中間層を埋めるような製品を作り出せば，クラスターの収益は大きく改善されることになる。景徳鎮のように，リードする企業や人が存在せず，各自が勝手に芸術品や量産品を作ってクラスターを構成することになると，粗悪品が多く出回りクラスターのブランド価値自体を押し下げる結果となる。有田の場合も同様で，需要が多かった時代には波佐見などの下請け地域を使いつつ，有田の名で多様な製品群を売ってきた。こうして大量生産を可能としてきたわけだが，その一方でブランドの品質管理が難しく，安物の粗悪品も出回ることになってしまう。その結果，現在ではかえって下請け仕事がなくなった波佐見の方が，独自のブランドでデザイン性の高い製品を生み出すようにもなっている。もっとも，有田では柿右衛門などの伝統工芸士による工房が伝統技術を継いでおり，ハイエンド向けの作品が存在するという意味ではクラスターとしての存在感を高める役割を果たしている。手工型クラスターの場合には，こうした芸術性が高いと評価される製品群を有することが，技術と感性を融合させ美しい製品を作り出す方向付けとなる。

(2) ビジネス・プロデューサーと顧客の育成
①ビジネス・プロデューサーを育てるための仕組み

　産業クラスターの発展には，ハイエンド向けの高度な製品を提供することで技術革新を続けていくことが不可欠であることを述べてきた。しかし技術開発者や職人自体は，市場の潜在的ニーズやニーズの将来性について把握しているとは限らない。例えば，クレモナでは商売に対して熱心な職人と，製作にしか興味がない職人に分かれるが，概して商売に熱心な職人へのクラスター内での評価は高くない。技術開発者にしても，優秀な技術者だからといって必ずしもマーケティングのセンスがあり，外部との接点としてうまく立ち回れるとは限らない。そこで重要なのが，ビジネス・プロデューサーの役割となる。

　これまでに述べたように，シリコンバレーやクレモナに対比される景徳鎮の陶磁器クラスター衰退の原因を分析すると，往年の官窯を踏襲した国営工場の崩壊後，クラスターを牽引すべき国家級の陶芸家や陶瓷学院の教授陣が，クラスター内での協調よりも競争を重視し，倣古と創作芸術制作に傾注した結果，クラスターのオープン・イノベーションを促すのに必要となるビジネス・プロデューサーが育成されてこなかったことが原因であることがわかった。有田の場合にも，商社の力がなくなったために，ビジネス・プロデューサーの機能が欠如してしまったことを分析した。ここで強調されるのは，クラスターにおいて重要なのは，ビジネス・プロデューサーが自律，競争する個を結び付け協調させる存在，機能だということである。

　先にも述べたようにプロデューサーという言葉は，映画やコンテンツ産業で使われることが多いが，ここでいうビジネス・プロデューサーは資金を調達し，新市場を創造するための新たな製品をデザインして，その製造に必要な部品と流れを設計し，各企業に采配し，完成品を販売して市場に流通させる役割を指す。特にクラスターを牽引するハイエンドユーザーに向けた製品開発には，技術と芸術的感性を融合させることのできるビジネス・プロデューサーの存在が不可欠である。例えば，絹製品のクラスターとして有名な京都の西陣には，こうしたビジネス・プロデューサーの機能を果たす企業がいくつか存在している。こうした企業は各工程に携わる工房への金融業も兼ねており，最終的な利

益責任を負うことからハイリスク・ハイリターンである。

　シリコンバレーの場合には，アップルやシスコシステムズのような大企業が，このビジネス・プロデューサーの役割を果たしており，各企業との連携を必要に応じて変化させながら，最終製品を完成させている。先端産業と陶磁器やヴァイオリンのような楽器では「製品と技術」のパターンも異なるが，電子製品も手工芸的な陶磁器や楽器も，「全体設計」と「擦り合わせ」の機能を担うことが製品高度化の鍵であることは共通しており，それ故にクラスターのビジネス・システムにおいてはビジネス・プロデューサーの存在・機能が，クラスターの盛衰を決定することになると主張される。景徳鎮や有田には，ビジネス・プロデューサーが不在であることを指摘したが，クレモナの場合には，各国のディーラーや楽器店が，このビジネス・プロデューサーの役割を果たしている。市場ニーズに合致するようにアドバイスする代わりに製品は全て買い取ってくれるので，職人の工房には在庫がなく，販売についてのリスクは全てビジネス・プロデューサーが負ってくれる。こうしてクレモナでは，一端は衰退したものの，牽引するマエストロたちとディーラー・楽器店を中心とした協調関係による持続的オープン・イノベーションが創出され，名器復興を目指した新たな製品高度化が，職人がリスクを負うことなく進められ，比類のないヴァイオリン産業クラスターを構築している。他の地域でもヴァイオリンという製品を高度化することは可能ではあるが，多くの職人がクレモナに留まるのは，クラスターとしての販売面での有利さばかりでなく，オープン・イノベーションに参画することで自らの技術や感性が磨かれていくためである。職人の技術や美的感性の向上は，競争する個を支え，協調関係を促すことで，クラスターの製品高度化につながっていく。

　もっとも，一般的にはビジネス・プロデューサーが産業クラスターの内部にいることが，インクリメンタルなクラスターの内製的発展には必要である。クレモナでは外部のビジネス・プロデューサーが采配してきたために，楽器として不可欠な「音」より「形」を重視した製造がおこなわれてきたと言えよう。ビジネス・プロデューサーが決定的役割を果たすのは，その市場への先見の明を持つ創造的なアイデアと人・技術・製品に対する優れた鑑識眼をもって，技

術開発者や職人たちに，真に必要とされているものを伝え，創造させることができるかどうかにかかっている。ビジネス・プロデューサーにはクラスターを牽引するだけの強いリーダーシップが必要とされる。こうした鑑識眼を持つビジネス・プロデューサーの人材を育成していくことが，産業クラスターの製品高度化にとって重要な課題となる。

② *消費者を育てるための仕組み*
　ものづくりというのは得てしてプロダクトアウトな発想に陥りがちだが，技術開発者や職人がワクワクするようなものづくりを続けていくためには，消費者を育成していく必要もある。これにはマーケティングのセンスが必要とされ，何をすべきかはクラスターが作りだす製品によっても異なる。そこで，他製品のクラスターのマーケティング事例を紹介しておきたい。
　浜松は楽器産業のクラスターである。中心となる世界最大手の楽器メーカーであるヤマハ株式会社では，ピアノを中心とした多様な楽器製造について，全体設計と擦り合わせの部分を担いながら，モジュール化した部品の製造をクラスター内の中小企業に任せている。これらのメーカー群は技術開発に熱心で，ヤマハの製品の高度化に大きく貢献してきた。そして，ヤマハはプロデューサーとしての機能を果たすと同時に，利益責任を負っている。このため，楽器を普及させるために早くから音楽教室の事業展開により，音楽を普及させ楽器販売につなげてきた。また管楽器の普及のためには，全国の学校にブラスバンドの指導者も派遣してきた。更に各種の音楽コンクールを開催することで，習学者の意欲向上を図っている。
　また，前述の京都の西陣は日本を代表する織物産業のクラスターである。西陣の織物は，20以上にも及ぶ専門化された分業により製造されている。京都は都として栄えてきた長い歴史を持ち，皇室や寺社仏閣，京都の町衆，大坂商人など，多様なハイエンドユーザーのニーズに応える必要があった。このため，製品を多様化する必要があり，製品により異なる製法を可能とする仕組みを作ってきた。産地問屋である織元がプロデューサーの役割を果たし，デザインから職人の采配，卸問屋への販売まで責任を持ち，更に職人の資金調達まで

手助けしている。近年では着物ニーズの減少[3]によりクラスターにも活気がなくなってはいるが，老舗の家業を継ぐ若手が新規事業を担当し，西陣織の技術や素材をベースに積極的に海外に展開して，高級ブランド店のインテリア素材として使用されるなど，伝統産業を海外に受け入れやすい形にして橋渡しする織元も出現している[4]。京都リサーチパークも「クール京都職人工房」の一拠点として，西陣の若手染織職人とファッション関係者の交流を促しており[5]，海外市場や若い世代の関心も集めて復活の兆しを見せている。

このように，企業やクラスターが何を目指すのかによって，マーケティングの方法も変わり，顧客をどのように育てていくのかという方向性も決まってくる。その意味で，産業クラスターの戦略的思考のエンジンとなるビジネス・プロデューサーの機能が不可欠なのである。

(3) 製品を高度化するためのメカニズム～ものづくりに必要な感性

①コンセプチャルなスキルとしての感性

製品を高度化するメカニズムについて本章の考察をまとめると，産業クラスターにおける製品の高度化には技術をリードするハイエンド製品が必要となることがわかった。そのハイエンド製品をインクリメンタルに創りだすためには，市場ニーズ，或いは潜在的な市場ニーズとの接点が必要であるが，技術への従事者が必ずしもこれらを把握しているとは限らない。そのために必要となるのがビジネス・プロデューサーであり，製品の高度化につながるオープン・イノベーションを促すための存在，機能である。ハイエンド製品は生産者と消費者の共創によって作られることを考えると，究極的には顧客が技術者を作るとも言える。

ビジネス・プロデューサーの最も重要な役割は，技術に芸術的感性を埋め込んだ「美しい」デザインを考え，その製造に携わる企業にイノベーションを促すことにある。美しいとは，消費者にとって使い勝手がよく，部品を製造するメーカーにとっては，その要求により現在の自社の技術を一層高めるようなイノベーションを促すような，程よい要求を指す。このようなコンセプチャルな製品開発のスキルとしての感性が最も重要になる。

②ヒューマン・スキルとしての感性

　技術開発に必要な情報は，ただその辺に転がっているようなものではない。このため，技術開発に必要な情報を，それを持つ企業や人から引き出す能力が必要である。オープン・イノベーションとは，ただ顔をつき合わせて話をすることで生まれてくるわけではない。企業も，技師も職人も，本当に重要な情報は公開しない。だからこそ自ら情報を小出しにしながら，必要な情報を収集し，相手の技術を探り，それらをうまく結び合わせていくことでイノベーションが生まれてくるのである。このためにフェース・トゥ・フェースのコミュニケーションは不可欠である。産業クラスターの限定的な地理的距離は，必要な情報を集め，或いは発信するのに最適な空間である。

　技術者や職人には，相互の公式，或いは日常的なやり取りの中で，情報を引き出し，製品の高度化や新しいアイデアの発見につなげるヒューマン・スキルとしての感性が必要とされる。

③テクニカル・スキルとしての感性

　もちろん，そのためには具体的に製品を高度化するためのテクニカル・スキルが土台となる。専門的かつ体系的な知識を習得するのは，このためである。

　更に，消費者がワクワクするような高度化された製品を創造するためには，現場でのワクワク感は不可欠で，特にそのためには企業のトップ自らが製品開発に直接関わるスタンスを持つことが，技術者のモチベーションを高め，イノベーションにつながる開発を可能にする。そこで重要なのがピアレビューの存在である。ピアレビューは，専門的な技術を正当に評価し，技術開発者のモチベーションを高める上で，非常に重要な役割を果たすもので，特に同質性が高く限定的な地理的範囲にある産業クラスターでは，この頻繁におこなわれるピアレビューの機会が，製品を高度化させるための技術研鑽の契機となっている。

　ものづくりの基本は技術である。テクニカル・スキルを磨く感性なくしては，イノベーションは生まれない。

④技術と感性の融合

これまでのものづくりに関する一連の研究を通して，イノベーションの原点は研究開発者のクリエイティブな感性にあることを改めて主張したい。専門的知識の蓄積の上に，他者から情報を引き出し，新しいアイデアに結びつけるわけだが，これは日々研鑽を重ね，地道な自分の技術への探究があって初めて生まれるものである。その意味では，シリコンバレーのような最先端企業クラスターも伝統的手工芸クラスターも，日常的な技術研鑽の積み重ねの上に成り立っている。ただし，成功を決定付けるものは，地道な努力の中から何を見出せるかにかかっている。そこに必要なのは，研究開発者のクリエイティビティである。

シリコンバレーが成功しているのは，自由な気風があふれるカリフォルニアで，人々のクリエイティビティが育てられ評価される環境にあることも大きい。イタリアでも，高い美意識は伝統的に受け継がれており，デザインを重視するクリエイティブな産業では，大きく世界をリードしている。それに比べると我が国のものづくりは，技術に優れ，性能に優れているものの，「美しさ」という側面ではグローバルな競争下において優位なポジションにはないように見受けられる。ユーザーが何を望んでいるのかを掴むことはたやすいことではない。更に，ものづくりは標準化が進み，参入障壁が低くなっている今日，企業間の製品の差別化も難しくなってきている。永続する企業のために利益を確保するには，無駄な競争をしないようなビジネスモデルを見つけなくてはならない。このためには既存の軸を変える市場への視点が必要とされる。そこで必要とされるのがクリエイティビティであり，コンセプチャルな企画力あるビジネス・プロデューサーの存在なのである。

最後に，ハイエンドの製品を作るということは，洗練された趣味・嗜好を持つユーザーも満足するような「美しい」製品を作りだすことである。そのために，最も大切なのはものづくりに直接携わる人々の「感性」であることを強調しておきたい。

3. おわりに

　本書の意義は，製品と技術のパターンの差異を考慮しつつ，最先端と伝統的産業クラスターに通底するビジネス・システムを捉えようとした点であり，その中で特にビジネス・プロデューサーの存在，機能の重要性を主張した。シリコンバレーやクレモナの成功事例からも，産業クラスターにおける製品高度化のためには，オープン・イノベーションが不可欠であり，そのメカニズム構築にビジネス・プロデューサーが深く関与していることがわかった。対して過去に栄華を極めた景徳鎮において，近年製品が高度化されてこなかったのは，この機能が不在なために競争ばかりが優先され，協調関係の構築が促進されてこなかったためである。また有田では，協調関係にはあるが依存体質が強く，窯元がリスクを取ってパラダイムシフトを起こすような果敢な製品開発に乗り出すには至っていない。「個の自律と協調」こそが，産業クラスターの持続的発展に必要なメカニズムなのである。

　これまで繰り返し述べてきたように，ものづくりのクラスターにおいて，ビジネス・プロデューサーは技術と芸術を融合させる役割を担うことになる。芸術（art）の語源ラテン語の"ars"を更に遡るとギリシア語の"techne"にたどり着く。元来芸術が技術の一部を指す言葉であったことからもわかるように，当然，これまでの製造技術においてもユーザビリティや美しさが無視されていたわけではない。しかし我が国の工業生産では美しさよりも技術を優先してきた結果，技術力は世界水準にも拘らず，近年国際競争力の低下を招いている。芸術は熟練した技術の上に成り立ちながら，それにとどまらず，美や，人生観，世界観といった高度に精神的な主張の要素が加わって，はじめて芸術として成立する。イノベーティブで洗練された製品を創出するものづくりも，技術の上に成り立ちながら，こうした精神的主張を持たなければならない。さらに，ものづくりをビジネス・システムとして成功させるには，芸術的な感性のみならず，社会や文化，他分野への嗅覚を利かせ，大衆社会要素を直感的に察知する

総合力も求められる。なぜなら，ハイエンド向けの製品を極めながらも，ボリューム・ゾーンを取り込む製品群を作り出すことが，経済体としての持続的発展には不可欠だからである。こうなると，産業クラスターのようにオープン・リソースを活用するものづくりでは，技術と美的感性を土台としながらも，技術の専門性志向と対立する総合化のベクトルを持ち合わせたリーダーが必要となることがわかる。製品の高度化というのは無地のキャンパスに描くことではなく，社会という地の上に新たな製品をフィットさせていく過程である。創造的精神が社会と共鳴作用を引き起こすことができれば，技術に感性を埋め込むものづくりに成功したことになる。最先端産業にも伝統的産業にも共通して，高度なものづくりの実現には，まさに「技術と芸術を融合させて，社会を共鳴させる」ことが求められているのである。

注

1 シリコンバレー在住　Edward Wu 氏。
2 景徳鎮陶瓷学院教授　二十歩文雄氏。
3 PHP　Business　Review「かつて一兆円産業と言われた呉服産業も，今や三千億円の規模になったとも言われている。」盡政代表取締役　岡田陣氏。
4 日経新聞，2015 年 3 月 5 日　細尾取締役　細尾真孝氏。
5 京都新聞，2016 年 2 月 21 日。

むすび

　本書は，これまでの拙者の産業クラスターに関する事例研究をまとめ，更なる体系化につなげていこうという試みのもとで執筆されている。はじめに述べたように，産業クラスターといえば成功例ばかりが取り上げられているが，クラスターを形成したからといって必ずしも製品の高度化が実現するわけではない。製品高度化メカニズムの再構築を必要とするものづくりクラスターにおいては，技術に芸術的感性を埋め込み，社会とつなげることができるような創造力，鑑識眼，人脈を兼ね備えたビジネス・プロデューサー，或いはそうしたマインドを持つ優れた企業の育成が喫緊の課題である。

　ビジネス・プロデューサーというのは，オーケストラの指揮者に似ている。一般的なオーケストラでは楽団員は内部の資源だが，内部資源だけで演奏することは稀で，大抵は数十人を超えるプロフェッショナルたちをまとめるための指揮者や，集客に結び付くソリストを外部から招聘する。それどころか，世界でも評価の高いサイトウ・キネン・オーケストラのように，楽団員すら持たず，全てをオープン・リソースで賄うようなオーケストラも存在する。指揮者はプロフェッショナルの楽団員たちの技量や感性を瞬時に判断し，自分の目指す音楽として仕上げるために適切な指示をして，オーケストラという一つの組織をまとめていく。優れた指揮者ほど，各メンバーの才能を引き出し，自発的なモチベーションを与えるのがうまい。組織のパフォーマンスは，指揮者によって全く異なる様相を見せる。指揮者次第で，演奏は凡庸にも芸術にもなりうるのである。まさに指揮者というのは，音楽という世界で，作品を通して演奏という技術に芸術的感性を埋め込む役割を果たしている。ものづくにおいても，サイトウ・キネン・オーケストラを率いる小澤征爾氏のように，世界のオープン・リソースを活用し，自分の思うコンセプトに仕上げていく卓越したビジネス・プロデューサーが求められている。我が国にそのような，技術と芸術を融合さ

せて社会と共鳴させることのできるリーダーが育成されていけば，今後ものづくりにおいても世界での競争優位を獲得することができるであろう。

なお，本書で多くの紙幅を割くことができなかった産業クラスターにおける競争と協調の関係性や比較分析におけるダイヤモンド・モデル活用についての課題，研究開発者に必要な感性の具体的な要素についての議論については，今後の研究課題としていきたい。

最後に，本研究は複数の科学研究費の助成により実現したものであり，研究に協力していただいた多くの国内外の研究者，実務家，友人・知人及び所属機関の方々には，ここに改めて感謝申し上げる。なお，ご協力いただいた各氏の肩書については，取材当時のものを記載させていただいている。

【本研究に関連する科学研究費課題一覧】
・科学研究費・基盤研究（B）一般　17330094
「知の変換をもたらす情報伝達のダイナミズム：クレモナにおける弦楽器工房の実証研究」平成17年4月～平成19年3月　研究代表者：大木裕子
・科学研究費・基盤研究（B）一般　16H03663
「オープン・イノベーションによる製品高度化のメカニズム～技術とアートの融合」平成28年4月～平成33年3月　研究代表者：大木裕子

・科学研究費・基盤研究（B）一般　21330102
「手作り型産業クラスターの遷移位相」平成22年4月～平成26年3月　研究代表者：日置弘一郎
・科学研究費・基盤研究（A）一般　15H01963
「工業生産の再検討—伝統的産業クラスターから最先端への架橋」平成27年4月～平成31年3月　研究代表者：日置弘一郎

主要参考文献

Allen, N.J., Meyer, J.P. [1990] "The Measurement and Antecedents of Affective, Continuance and Normative Commitment to the Organisation," *Journal of Occupational Psychology*, 63, pp.1-18.
Allen, T.J. [1977] *Managing the Flow of Techinology*, Mass.: MIT Press.(中村信夫訳『「技術の流れ」管理法』開発社，1984年。)
Arikan, A.T. [2009] "Interfirm knowledge exchanges and the knowledge creation capability of clusters," *Academy of Management Review*, 34, pp.658-676.
有田町史編纂委員会 [1985]『有田町史 陶業編Ⅰ・Ⅱ』有田町。
Bacattini, G. [1990] "The Marshallian industrial district as a socio-economic notion," in Pyke, F., Becattini, G. and Sengenberger, W. (ed.), *Industrial Districts and Inter-firm Co-operation in Italy*, ILO publications.
Bissolotti, M.V. [2000] *Il genio della liuteria a Cremona*.(川船緑訳『クレモーナにおける弦楽器製作の真髄』ノヴェチェント出版，2001年。)
Bourdieu, P., Passeron, J.C. [1964] *Les heritiers: les etudiants et la culture*, Les Editions de Minuit.(戸田清・高塚 浩由樹・小澤 浩明訳『遺産相続者たち―学生と文化』藤原書店，1997年。)
Bresnahan, T., Gambardella, A. (ed.) [2004] *Building High-Tech Clusters: Silicon Valley and Beyond*, Cambridge: Cambridge University Press.
Brown, J., Duguid, P. [1991] "Organizational Learning and Communities of Practice: Towards a Unified View of Working, Learning, and Innovation," *Organization Science*, 2 (1), pp.40-58.
—— [2000a] *The Social Life of Information*, Harvard Business Press.
—— [2000b] "Mysteries of the region: knowledge dynamics in Silicon Valley," chapter 2, pp.16-39, in Lee, C.-M., Miller, W.F., Hancock, M.G., Rowen, H.S. (ed.), *The Silicon Valley Edge*, Calif.: Stanford University Press.
文能照之 [2003]「ベンチャー企業の成長とクラスター因子」Stanford Japan Center, DP, September 4, 1-32頁。
Camagni, R. [1991] "Local 'milieu', uncertainty and innovation networks: towards a new dynamic theory of economic space," chapter 7, pp.121-142, in Camagni, R. (ed.), *Innovation Networks: Spatial Perspectives*, London: Belhaven Press.
陳舜臣 [1980]『景徳鎮からの贈り物:中国工匠伝』新潮社。
—— [2007]『景徳鎮の旅』たちばな出版。
Cohen, S. S., Fields, G. [1999] "Social Capital and Capital Gains in Silicon Valley," *California, Management Review*, 41 (2), pp.108-130.
Coleman, J. [1988] "Social Capital in the Creation of Human Capital," *American Journal of Sociology*, 94, Supplement, pp.95-120.
—— [1990] *Foundations of Social Theory*, Cambridge, Mass.: Harvard University Press.
Curtis, J.B. [2006] *Trade Taste and Transformation: Jingdezhen Porcelain for Japan, 1620-1645*, The China Institute in America.
枝川公一 [1997]「シリコンバレーが示す『永続革命』」『中央公論』1997年8月号。

―――［1999］『シリコン・ヴァレー物語―受けつがれる起業家精神』中央公論社.
藤田誠［2011］「産業クラスター研究の動向と課題」『早稲田商学』第429号, 101-124頁.
藤本隆宏・大鹿隆・貴志奈央子［2005］「アーキテクチャの測定に関する実証分析」MMRC Discussion Paper, 東京大学21世紀COEものづくり経営研究センター.
福岡財務局佐賀財務事務所［2015］「地場産業（有田焼陶磁器業界）の動向について」平成27年6月19日.
羽田新編［2003］『焼き物の変化と窯元・作家―伝統工芸の現代化―』御茶の水書房.
Hanifan, L. [1916] "The Rural School Community Center," *Annals of the American Academy of political and social Science*, Vol.67, pp.130-38.
原田誠司［2009］「産業クラスター論について：産業集積の競争力と政策の視点」『長岡大学 研究論叢』第7号, 21-42頁.
Henton, D. [2000] "A Profile of the Valley's Evolution Structure," chapter 3, pp.46-58, in Lee, C.-M., Miller, W.F., Hancock, M.G., Rowen, H.S. (ed.), *The Silicon Valley Edge*, Calif.：Stanford University Press.
Hirshman, A.O. [1958] *The strategy of economic development*, Conn.：Yale University Press.（麻田四郎訳『経済発展の戦略』厳松堂出版, 1961年.）
方李莉［2004］「中国景徳鎮：新時代における民窯の再生とその実態」『文明21』No.17, 91-105頁.
彭涛［2007］「景徳鎮瓷業史の研究」龍谷大学博士論文.
今泉清暉・檜山陸郎・無量塔蔵六・長谷川武久［1995］『楽器の事典 ヴァイオリン 増補版』ショパン.
稲垣京輔［2003］『イタリアの起業家ネットワーク：産業集積プロセスとしてのスピンオフの連鎖』白桃書房.
Inkpen, A. C., Tsang, E. W. K. [2005] "Social capital, networks, and knowledge transfer," *Academy of Management Review*, 30, pp.146-165.
石倉洋子・藤田昌久・前田昇・金井一頼・山崎朗［2003］『日本の産業クラスター戦略―地域における競争優位の確立』有斐閣.
伊丹敬之・松島茂・橘川武郎編［1998］『産業集積の本質：柔軟な分業・集積の条件』有斐閣.
伊丹敬之［1998］「産業集積の意義と論理」伊丹敬之・松島茂・橘川武郎編『産業集積の本質：柔軟な分業・集積の条件』有斐閣, 1-23頁.
JICA研究所［2002］「ソーシャルキャピタルと国際協力―持続する成果を目指して―」「ソーシャルキャピタルの形成と評価」研究会報告書, 2002年8月.
十四代酒井田柿右衛門［2004］『余白の美 酒井田柿右衛門』集英社新書.
角町修［2007］「伊万里・有田の新しい風と共に」商工総研 平成19年度中小企業組織活動懸賞レポート.
加護野忠男［2007］「取引の文化―地域産業の制度的叡智―」『国民経済雑誌』第196巻第1号, 109-118頁.
柿野欽吾［1985］「わが国陶磁器工業の構造」『経済経営論叢』第20巻第2/3号, 82-109頁.
鎌倉健（2002）『産業集積の地域経済論：中小企業ネットワークと都市再生』勁草書房.
金井一頼［1999］「地域におけるソシオダイナミクス・ネットワークの形成と展開」『組織科学』第32巻第4号, 48-57頁.
―――［2003］「クラスター理論の検討と再構成」石倉洋子・藤田昌久・金井一頼・山田朗『日本の産業クラスター戦略―地域における競争優位の確立』有斐閣.
金井壽宏［1994］『企業者ネットワーキングの世界：MITとボストン近辺の企業者コミュニティの探求』白桃書房.

金沢陽［2002］「景徳鎮官窯の成立」東洋陶磁学会編『東洋陶磁史―その研究の現在』東洋陶磁学会，91-98頁。
神田侑晃［1998］『ヴァイオリンの見方・選び方』レッスンの友社。
加藤敏春［1997］『シリコンバレー・ウェーブ―次世代情報都市社会の展望』NTT出版。
橘川武郎編［2005］『地域からの経済再生：産業集積・イノベーション・雇用創出』有斐閣。
清成忠男・橋本寿朗［1997］『日本型産業集積の未来像：「城下町型」から「オープン・コミュニティー型」』日本経済新聞社。
高福成［2009］「中国ブランド構築の難しさ～景徳鎮はなぜ衰退したのか」2009年8月2日 http://guideread.blogspot.jp/search/label/Case%20Study（2013.5.1参照）。
児島俊行［2007］「イタリア型産地における「暗黙知」の批判的検討―イタリア型産地モデルの構築に向けて―」『MMI Working Paper Series』大阪成蹊大学，No.0701，1-44頁。
小門裕幸［2004］「シリコンバレーのソーシャル・キャピタルに関する一考察」法政大学イノベーション・マネジメント研究センター『イノベーション・マネジメント』2004-5-1，77-108頁。
Krugman, P. [1991] *Geography and Trade*, 1st MIT Press paperback ed., Cambridge, Mass.：MIT Press.（北村行伸・高橋亘・妹尾美起訳『脱「国境」の経済学：産業立地と貿易の新理論』東洋経済新報社，1994年。）
―― [1995] *Development, geography, and economic theory*, Cambridge, Mass.：MIT Press.（高中公男訳『経済発展と産業立地の理論：開発経済学と経済地理学の再評価』文眞堂，1999年。）
Lee, C.-M., Miller, W.F., Hancock, M.G., Rowen, H.S.（ed.）[2000] *The Silicon Valley Edge：A Habitat for Innovation and Entrepreneurship*, Stanford, Calif.：Stanford University Press.（中川勝弘監訳『シリコンバレー：なぜ変わり続けるのか（上）（下）』日本経済新聞社，2001年。）
Lécuyer, C. [2006] *Making Silicon Valley：innovation and the growth of high tech, 1930-1970*, Mass.：MIT Press.
Marshall, A. [1890] *Principle of Economics*, London：MacMillan and Co.（永沢越郎訳『経済学原理』信山社。）
松尾展成［1999］「肥前磁器と初期マイセン（4）」『岡山大学経済学会雑誌』31（3），195-220頁。
Meyerson, D., Weick, K. E., Kramer, R. M. [1996] "Swift Trust and Temporary Groups," in Kramer, R.M., Tyler, T.R.（ed.）, *Trust in Organizations：Frontiers of Theory and Research*, Thousand Oaks, Calif.：Sage, pp.166-195.
三杉隆敏［1989］『やきもの文化史』岩波書店。
宮嵜晃臣［2005］「産業集積論からクラスター論への歴史的脈絡」『専修大学都市政策研究センター論文集』第1号，265-288頁。
中村学園大学流通科学部［2001］「佐賀県の陶磁器産業」。
日本政策金融公庫　総合研究所［2012］「ものづくり基盤の革新～消費財産業における最近の動向～」日本公庫総研レポート　No.2012-3，2012年7月27日。
二十歩文雄［2011］「中国江西省景徳鎮」地球ラジオ 2011年4月13日　http://www.nhk.or.jp/gr/mado/2011/11-1.html（2012.12.1参照）。
小川秀樹［1998］『イタリアの中小企業～独創と多様性のネットワーク』日本貿易振興会。
大橋康二［1994］『古伊万里の文様』理工学社。
―― [2004]『海を渡った陶磁器』吉川弘文館。
―― [2007]『将軍と鍋島・柿右衛門』雄山閣。
―― [2010]『海を渡った古伊万里：セラミックロード』青幻社。
岡本義行［1994］『イタリアの中小企業戦略』三田出版会。
大木裕子［2004］『オーケストラのマネジメント：芸術組織における共創環境』文眞堂。

――［2005a］「イタリア弦楽器工房の歴史：クレモナの黄金時代を中心に」『京都マネジメント・レビュー』第 8 号，21-40 頁。

――［2005b］「インプロビゼーションを通じたダイナミックケイパビリティの形成：シスコシステムズの組織能力」オフィス・オートメーション学会『オフィス・オートメーション学会誌』vol.26, No.1, 45-51 頁。

大木裕子・古賀広志［2006］「クレモナにおけるヴァイオリン製作の現状と課題」『京都マネジメント・レビュー』第 9 号，19-36 頁。

大木裕子［2007］「伝統工芸の技術継承についての比較考察～クレモナ様式とヤマハのヴァイオリン製作の事例～」『京都マネジメント・レビュー』第 11 号，19-31 頁。

――［2009］『クレモナのヴァイオリン工房：北イタリアの産業クラスターにおける技術継承とイノベーション』文眞堂。

大木裕子・山田英夫［2011］「製品アーキテクチャ論から見た楽器製造～何故ヤマハだけが大企業になれたのか」『早稲田国際経営研究』No.42, 175-187 頁。

大木裕子［2011a］「シリコンバレーの歴史：進化するクラスターのソーシャル・キャピタルに関する一考察」『京都マネジメント・レビュー』第 18 号，39-59 頁。

――［2011b］「電気自動車（EV）開発における標準化戦略とその課題：テスラ・モーターズを事例として」『京都マネジメント・レビュー』第 18 号，139-151 頁。

――［2011c］「利川の陶磁器クラスター：クリエイティブ・シティ利川のクラスター戦略に関する考察」『京都マネジメント・レビュー』第 18 号，143-155 頁。

――［2012］「有田の陶磁器産業クラスター：伝統技術の継承と革新の視点から」京都産業大学『京都マネジメント・レビュー』第 20 号，1-22 頁。

――［2014］「景徳鎮の陶磁器クラスターにおけるイノベーション過程に関する考察」『京都マネジメント・レビュー』第 24 号，1-29 頁。

――［2015］『ピアノ　技術革新とマーケティング戦略』文眞堂。

尾崎弘之・大木裕子・亀岡京子［2007］「米国大学院における起業家教育―現状分析と日本におけるインプリケーション」『2007 年組織学会研究発表大会予稿集』113-116 頁。

Piore, M.J., Sable, C.E.［1984］*The Second Industrial Divide：Possibility for Prosperity*, New York：Basic Books.（山之内靖他訳『第二の産業分水嶺』筑摩書房，1993 年。）

Porter, M.E.［1990］*The Competitive Advantage of Nations*, New York：The Free Press.（土岐坤他訳『国の競争優位』ダイヤモンド社，1992 年。）

――［1998］*On Competition*, Boston：Harvard Business School Press.（竹内弘高訳『競争戦略論Ⅱ』ダイヤモンド社，1999 年。）

Putnam, R.［1993］*Making Democracy Work：Civic Traditions in Modern Italy*, N.J.：Princeton University Press.（河田潤一訳『哲学する民主主義―伝統と改革の市民的構造』NTT 出版，2001 年。）

――［1995］"Bowling Alone：America's Declining Social Capital," *Journal of Democracy*, Volume 6, No.1, pp.66-78.（坂本治也・山内富美訳「ひとりでボウリングをする―アメリカにおけるソーシャル・キャピタルの減衰」宮川公男・大守隆編『ソーシャル・キャピタル―現代経済社会のガバナンスの基礎』東洋経済新報社，2004 年，55-76 頁。）

――［2001］*Bowling Alone：The Collapse and Revival of American Community*, Touchstone Books.（柴内康文訳『孤独なボウリング―米国コミュニティの崩壊と再生』柏書房，2006 年。）

李艶・宮崎清［2010］「景徳鎮の伝統的磁器産業の中核としての手作り工房の諸相」日本デザイン学会『デザイン学研究』56 (5)，37-46 頁。

――［2013］「景徳鎮における製磁の雇用体制：現在にもみられる中国景徳鎮地域における伝統的製

磁業」日本デザイン学会『デザイン学研究』60（1），1-32頁。
佐賀県有田町［2011］「平成22年　有田町統計書」　平成23年3月。
佐久間重男［1999］『景徳鎮窯業史研究』第一書房。
佐々木高成［2006］「米国における地域優位性強化の試み―コミュニティー資源とネットワークの動員」『国際貿易と投資』2006. Autumn, No.65, 9-21頁。
佐藤寛編［2001］『援助と社会関係資本―ソーシャル・キャピタル論の可能性』日本貿易振興会アジア経済研究所。
佐藤誠［2003］「社会資本とソーシャル・キャピタル」『立命館国際研究』16-1, 2003. June, 1-30頁。
Saxenian, A. [1994] *Regional Advantage : Culture and Competition in Silicon Valley and Route 128*, Cambridge, Mass.: Harvard University Press.（大前研一訳『現代の二都物語―なぜシリコンバレーは復活し，ボストン・ルート128は沈んだか』講談社，2009年。）
Schumpeter, J. [1912] *The Theory of Economic Development*, Oxford University Press.（塩野谷祐一訳『経済発展の理論』岩波文庫，1980年。）
Scott, A.J. [1988] *Metropolis : From the Division of Labor to Urban Form*, Berkeley : University of California Press.（水岡不二雄監訳『メトロポリス―分業から都市形態へ』古今書院，1996年。）
Silverman, W.A. [1957] *The Violin Hunter*, N.J.: Paganiniana Publications.
下平尾勲［1976］「最近の地場産業の構造変化と景気―有田焼産地の構造と循環の分析」福島大学東北経済研究所，61，32-87頁。
――［1977］「地場産業の構造変化と流通問題：有田焼産地の構造分析」福島大学東北経済研究所，63，35-77頁。
――［1978］『現代伝統産業の研究』新評論。
――［1983］「地場産業の発達と地域経済―有田・波佐見町の産業構造をめぐって」福島大学東北経済研究所，75，47-132頁。
Silicon Valley Community Foundation, *Index Silicon Valley*, 2009～2014各年度。
島田文雄［2013］「陶磁描画だみ技法から考察した日本・中国―有田，景徳鎮，醴陵の陶磁技法」科学研究費基盤研究（B）研究報告書，平成25年3月。
四方田雅史［2006］「太平洋経済圏とアジアの経済発展―戦前期における日本・東アジア間の共時的構造と制度的差異に着目して」早稲田大学博士論文。
Smith, A. [1950] *An inquiry into the nature and causes of the wealth of nations*, 6th ed., Edwin Cannan, 3 vols, London : Methuen.（大内兵衛・松川七郎訳『諸国民の富』第1分冊，岩波書店，1969年。）
高岡美佳［1998］「産業集積とマーケット」伊丹敬之・松島茂・橘川武郎編『産業集積の本質：柔軟な分業・集積の条件』有斐閣，95-129頁。
田中英式［2010］「産業集積内ネットワークのメカニズム：岡山ジーンズ産業集積のケース」『組織科学』43（4），73-86頁。
田中信彦［2009］「中国ブランド構築の難しさ～景徳鎮はなぜ衰退したのか」Wisdom，「深層中国～巨大市場の底流を読む　第12回」2009年8月3日　http://www.blwisdom.com/strategy/series/china/item/1389-12.html（2013.11.1参照）。
The Oriental Ceramic Society of Hong Kong [1984] *Jingdezhen Wares : The Yuan Evolution*, The Oriental Ceramic Society of Hong Kong.
Tintori [1971] *Gli strumenti musicali*, Torino.
富沢木実［2002］「産業集積論に欠けている十分条件」『道都大学紀要　経済学部』創刊号, 33-48頁。
外山徹［2012］「伝統工芸有田焼の商品開発動向：歴史的前提から第2次大戦後・現代まで」『明治大学博物館研究報告』第17号，27-37頁。

梅田望夫［2006］『シリコンバレー精神―グーグルを生むビジネス風土』筑摩書房。
山本健兒［2005］『産業集積の経済地理学』法政大学出版局。
山田幸三・伊藤博之［2008］「陶磁器産地の分業構造と競争の不文律―有田焼と京焼の産地比較を中心として」『組織科学』42（2），89-99頁。
山田幸三［2011］「地場産業の新陳代謝と企業家育成の制度的基盤」『企業家研究』第8号，45-55頁。
――［2013a］「伝統産地の変貌と企業家活動：有田焼と信楽焼の陶磁器産地の事例を中心として」『上智経済論集』第58巻，第1・2号，219-235頁。
――［2013b］『伝統産地の経営学：陶磁器産地の協働の仕組みと企業家活動』有斐閣。
山田雄久［2008］『香蘭社130年史』香蘭社社史編纂委員会。
山辺眞一［1995］「有田の陶磁器製造業から新たな展開―事例研究・地方産業の形成―」よかネット NO.15, 1995.5。
Yee, L.S.（ed.）［2004］*Innovations and Creations：A Retrospect of 20th Century Porcelain from Jingdezhen*, Art Museum, CUHK.
喩仲乾［2003］「景徳鎮の磁器産業の発達における官窯の役割：1402-1756」『国際開発研究フォーラム』24, 2003.8, 273-289頁。

＊引＊

索　引

【ア行】

アイデア　ii, 20, 30, 36, 40, 66, 156, 159, 160
アーキテクチャ　i, 11, 24
アドバイス　67, 69, 71, 129, 146, 156
意図的　33, 55
インフォーマル　23, 38, 41, 60
演奏家　115, 116, 120, 121, 122, 125, 128, 130, 131, 135, 148
王侯貴族　74, 87, 106, 117, 132, 141, 143
オークション　25, 54, 70, 73
オープン・イノベーション　ii, 10, 11, 39, 156, 158, 159, 161
オープン・リソース　12, 39, 41, 145, 162, 163

【カ行】

外国人　34, 72, 120, 121, 123, 124, 126, 133, 134, 137, 144, 150, 151
価格　20, 35, 56, 60, 61, 68, 69, 71, 73, 77, 87, 91, 94, 103, 115, 122, 128, 130, 135
家族　10, 38, 73, 108, 132, 149
価値観　9, 60, 135, 148
鑑識眼　41, 66, 73, 75, 109, 148, 156, 157, 163
鑑賞　48, 54, 56, 60, 142, 149
感性　ii, iii, 12, 39, 41, 76, 111, 123, 136, 140, 149, 150, 152, 154, 156, 158, 159, 160, 162, 163, 164
完成品　12, 78
関連産業・支援産業　4, 74, 108, 130
企画力　67, 98, 108, 110, 160
企業の戦略　3, 4, 35, 73, 108, 129
技術開発　ii, 26, 36, 38, 40, 108, 109, 140, 141, 144, 145, 147, 148, 152, 153, 155, 157, 159
協会　70, 73, 74, 130, 132
供給業者　3, 4, 128, 131, 136
行政　53, 62, 63, 73, 76, 98, 108, 119, 132, 141
競争優位　iii, 3, 4, 7, 33, 35, 108, 129, 134, 136, 164
協調　2, 3, 5, 101, 117, 124, 133, 137, 151, 152, 153, 156, 161, 164
共販　ii, 94, 97, 98, 110
ギルド　1, 115, 116, 117, 126, 132, 153
クリエイティビティ　150, 160
グローバル　3, 35, 129, 131, 132, 133, 143, 144, 154, 160
芸術性　12, 47, 53, 60, 78, 154
研究機関　1, 3, 12, 30, 34, 38, 54
献上品　48, 50, 86, 141
原料　44, 63, 64, 74, 83, 86, 87, 88, 128
構成員　5, 8, 14, 40, 89, 109, 131
工程　49, 83, 88, 96, 105, 108, 115, 124, 147, 150, 153
公的支援　141
高品質　30, 55, 68, 71, 74, 85, 86, 87, 135, 142
国営工場　ii, 44, 53, 54, 59, 65, 141
個性　59, 60, 65, 78, 112, 131, 134, 135
コミュニケーション　ii, 8, 14, 32, 33, 38, 40, 41, 159
コミュニティ　iii, 6, 8, 10, 17, 23, 28, 32, 34, 36, 37, 39, 74, 124, 146, 147
コレクター　65, 68, 70, 71, 107, 115, 128

【サ行】

産地問屋　ii, 75, 84, 94, 97, 104, 105, 107, 110, 112, 157
市場創造　76, 78
市民　4, 6, 15, 31, 35, 58, 67, 77, 86, 98, 110
自由　4, 30, 37, 40, 47, 52, 55, 56, 64, 70, 95, 107, 146, 160
需要条件　3, 34, 72, 107, 128
商社　54, 67, 84, 96, 97, 102, 104, 105, 110, 146
消費者　35, 73, 75, 102, 105, 143, 147, 148, 151, 157, 158, 159
消費地問屋　104
情報交換　2, 7, 9, 37, 38, 39, 125, 129, 131, 132, 134, 137
証明書　60, 123, 130, 132
少量多品種　101, 108

171

自律　116, 161
人材育成　62, 64, 99, 106, 141, 151
信用　ii, 110
スピンオフ　10, 21, 37, 38, 134
擦り合わせ　9, 110, 156, 157
政策　6, 34, 48, 49, 61, 71, 74, 87, 98, 99, 118, 121, 152
生産性　3, 4, 5, 8, 37, 46, 49, 51, 56, 101, 108, 130
製品高度化　ii, iii, 10, 11, 12, 78, 79, 122, 132, 134, 135, 140, 142, 143, 144, 147, 149, 152, 156, 157, 161, 163
設計　22, 36, 64, 110, 116, 156
設備投資　56, 77
センス　39, 59, 76, 90, 109, 111, 157
洗練　10, 12, 35, 40, 51, 76, 95, 160, 161
創造　ii, 7, 8,9, 10, 12, 36, 40, 41, 54, 65, 67, 75, 76, 78, 90, 132, 135, 149, 154, 156, 159, 162, 163
贈答品　66, 86, 107, 141, 148

【タ行】

大企業　12, 15, 36, 39, 57, 67, 73, 143, 156
大衆　54, 60
大量生産　2, 17, 21, 26, 54, 94, 115, 117, 118, 120, 125, 154
ターゲット　71, 76, 109, 131
多様性　51, 78, 126, 132, 133, 135, 152, 153, 154
知名度　62, 63, 69, 70, 142, 143
中間層　iii, 76, 109, 112, 121, 122, 128, 131, 136, 148, 154
中小企業　10, 83, 157
弟子　117, 121, 128, 133, 146, 153
展示会　63, 64, 68, 70, 90, 102, 105, 119, 132
伝統産業　12, 75, 107, 111, 158
トリエンナーレ　119, 123, 128, 130, 132, 141, 147

【ナ行】

鍋島藩　86, 89, 95, 107, 141
日常的　33, 38, 125, 131, 133, 135, 146, 147, 159, 160

【ハ行】

ハイエンド　i, 10, 12, 40, 72, 73, 76, 107, 122, 130, 143, 146, 148, 150, 154, 155, 157, 158, 160, 162
発明　17, 18, 19, 38, 49, 153
販路　70, 78, 98, 133, 136
ピアレビュー　iii, 75, 102, 121, 124, 125, 131, 137, 147, 152, 159
ビジネス・システム　iii, 12, 156, 161
ビジネス・プロデューサー　12, 40, 76, 78, 110, 111, 112, 122, 129, 134, 135, 136, 150, 151, 155, 156, 157, 158, 161, 163
秘密　86, 108
ファミリー　40, 115, 116, 153
付加価値　4, 60, 112, 120, 132, 135, 136
プライド　100, 125
ブランド管理　69, 75, 96
プロデュース　ii, 12, 13, 76, 110, 146
ベンチャーキャピタル　14, 21, 22, 23, 25, 28, 30, 31, 38
倣古磁器　52, 54, 59
ボリューム・ゾーン　10, 128, 162

【マ行】

マーケティング　3, 21, 39, 65, 98, 101, 120, 133, 157, 158
民間　30, 38, 50, 53, 54, 55, 57, 65, 74, 76, 132
モジュール　9, 11, 157

【ヤ行】

ユーザー　iii, 20, 39, 67, 68, 104, 110, 121, 131, 135, 145, 148, 160
要素条件　3, 33, 71, 106, 127

【ラ行】

ライバル　3, 4, 35, 37, 73, 108, 125, 129, 130, 147, 153
リスク　ii, 30, 37, 75, 76, 97, 110, 133, 156, 161
リーダーシップ　71, 77, 103, 157
流通　5, 51, 67, 68, 69, 70, 84, 86, 96, 104, 127, 131, 143, 147
量産品　11, 73, 109, 122, 128, 130, 142, 154
零細企業　69, 76, 108, 146, 147
労働力　5, 28, 30, 49, 55, 67

著者紹介

大木裕子（おおきゆうこ）

東京藝術大学音楽学部器楽科卒業後ビオラ奏者として活動する。早稲田大学大学院アジア太平洋研究科国際経営学修士課程，同研究科博士後期課程修了後，昭和音楽大学音楽学部，京都産業大学経営学部教授を経て，東洋大学ライフデザイン学部教授（現職）。主な著書に，『オーケストラのマネジメント』『クレモナのヴァイオリン工房』『ピアノ　技術革新とマーケティング戦略』（いずれも文眞堂）などがある。博士（学術）。

産業クラスターのダイナミズム
～技術に感性を埋め込むものづくり～

2017年2月28日　第1版第1刷発行　　　　　　　検印省略

著　者	大　木　裕　子
発行者	前　野　　　隆

東京都新宿区早稲田鶴巻町533

発行所　株式会社　文　眞　堂

電話　03(3202)8480
FAX　03(3203)2638
http://www.bunshin-do.co.jp/
郵便番号（162-0041）振替00120-2-96437

印刷・真興社　製本・イマヰ製本所
© 2017
定価はカバー裏に表示してあります
ISBN978-4-8309-4930-2　C3034